街角
おしゃれさん
スケッチ

—— 今日から活かせるコーデの秘訣 ——

aya.m

街を歩いていると、ふと目に入る素敵な装いが大好き。
人間の「個々」が持つ感性やセンスに、
いつもトキメキをもらっています。
そんな私目線の「可愛い！」を描いて集めた本書が、
皆さんの日々に癒しを届けられたら嬉しいです。

CONTENTS

街角 おしゃれさんスケッチ

—— 今日から活かせるコーデの秘訣 ——

推し色コーデ

秋のおしゃれさん … 074

冬のおしゃれさん … 100

Spring

春のおしゃれさん

春のお洋服って面白い

寒暖差がある時季ということで、冬とはまた違ったアウタースタイルがあるし、
シャツやブラウスなどの薄手のトップスは種類豊富だし、
優しい色使いは春ならではのもの。
街ゆく人々はどうやって「春らしさ」を取り入れているのか、参考になります。

PICK UP ITEM 01

"SHIRT"

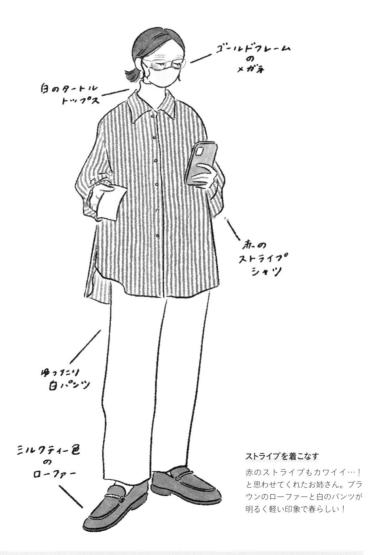

ゴールドフレームのメガネ

白のタートルトップス

赤のストライプシャツ

ゆったり白パンツ

ミルクティー色のローファー

ストライプを着こなす

赤のストライプもカワイイ…！
と思わせてくれたお姉さん。ブラ
ウンのローファーと白のパンツが
明るく軽い印象で春らしい！

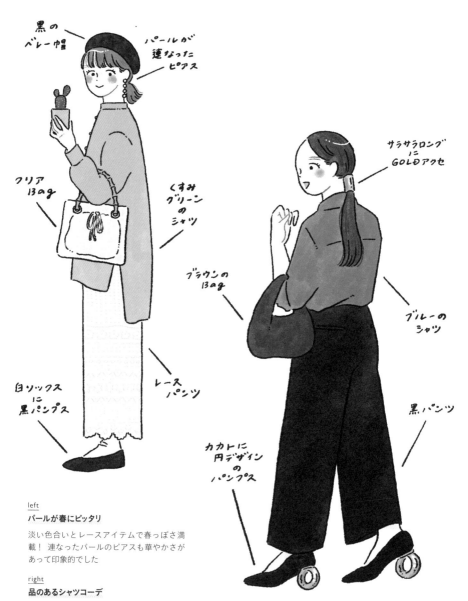

黒の
ベレー帽

パールが
連なった
ピアス

クリア
Bag

くすみ
グリーン
の
シャツ

サラサラロング
に
GOLDアクセ

ブラウンの
Bag

ブルーの
シャツ

白ソックス
に
黒パンプス

レース
パンツ

黒パンツ

カカトに
円デザイン
の
パンプス

left
パールが春にピッタリ

淡い色合いとレースアイテムで春っぽさ満
載！ 連なったパールのピアスも華やかさが
あって印象的でした

right
品のあるシャツコーデ

パンプスのデザインカワイイ〜〜〜！！こ
んなのあるんだ！ こなれていて品があって、
遊び心も感じる素敵なシャツコーデ…！

タックインしても、羽織っても
シャツの魅力いろいろ

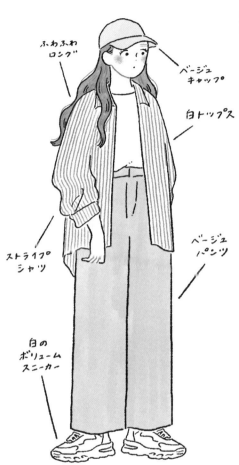

ふわふわ
ロング

ベージュ
キャップ

白トップス

ベージュ
パンツ

ストライプ
シャツ

白の
ボリューム
スニーカー

かぎ編み
ベスト

ハーフアップ
ボブ

白シャツ

赤の
パンツ

黒の
コンバース

left
キャップでカジュアルに

ブルー×ベージュ、テッパンの組み合わせ！
ふわふわロングとキャップってなんでこんな
にカワイイのか

right
ちょっとレトロな個性派

かっ………かわいい〜〜〜！！ 真っ赤っか
のパンツにベストとの相性がレトロちっくな
雰囲気。着こなすの難しそうなのにすごい。
合わせ方、天才では？

メガネ

ボブヘア

白シャツ

黒の
プリーツ
スカート

黒の
コンバース

ミニリュック

黒髪みつあみ

ピンクの
BIGシャツ

シルバー
の
Bag

マーチン
の
ブーツ

left
モノトーンで凛としたシニア

足元がスニーカーでもシャキッと見えるのは
白シャツとプリーツ、そして無駄のないモノ
トーンだからかな。このバランスすっごく素
敵…！ こんなシニア様、憧れます

right
BIGシャツをワンピース風に

全てが好きなんですが…！？ ピンクをシル
バーやマーチンでカッコよく仕上げていてス
テキ！ ヘアも可愛いです

(PICK UP ITEM 02)

"JACKET"

黒髪
ショートボブ

カモフラージュ柄
の
ジャケット

持ち手が
蛍光グリーンの
トートBag

黒の
スリット入り
スカート

グレーの
ニューバランス

蛍光
グリーンの
ソックス

ミリタリーをおしゃれに着こなす
リンクさせてる蛍光グリーンがカ
ワイイ〜〜〜！ ミリタリーアイ
テムの印象がガラリと変わる…！
ステキ

フォーマルだけじゃない
ジャケットで遊ぶ春

フープピアス

ショート
ヘア

ボール
チェーン
ネックレス

白
トップス

リュック

カーキの
マウンテン
ジャケット

デニム

白の
コンバース

黒髪ショート

白の薄手
ナイロン
ジャケット

赤ボーダー

黒の
ミニ
ハンドBag

黒ショーパン

黒ブーツ

left
アクセ使いで大人の品格を

カジュアルなシニアコーデ大好き。さりげな
いアクセ使いに品を感じます。私もデニムが
キマるシニアになりたい

right
差し色が映えるキュートコーデ

ショートパンツ+ブーツ、雨の日にピッタ
リ！モノトーンに映える赤の使い方が好き

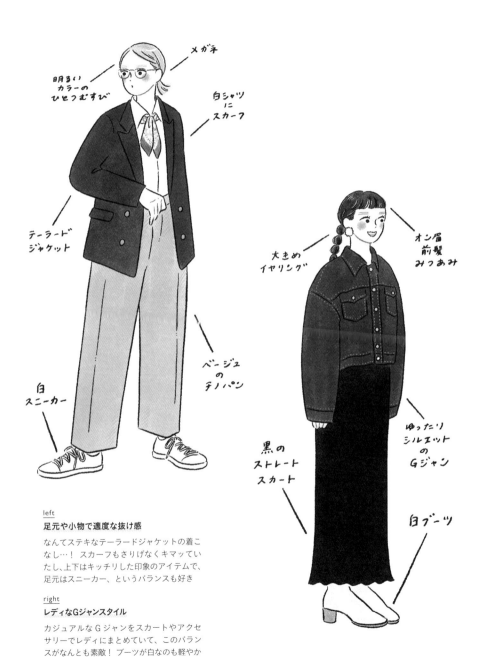

メガネ

明るい
カラーの
ひとつむすび

白シャツ
に
スカーフ

テーラード
ジャケット

大きめ
イヤリング

オン眉
前髪
みつあみ

ベージュ
の
チノパン

白
スニーカー

黒の
ストレート
スカート

ゆったり
シルエット
の
Gジャン

白ブーツ

left
足元や小物で適度な抜け感

なんてステキなテーラードジャケットの着こ
なし…！ スカーフもさりげなくキマッていた
し、上下はキッチリした印象のアイテムで、
足元はスニーカー、というバランスも好き

right
レディなGジャンスタイル

カジュアルなGジャンをスカートやアクセ
サリーでレディにまとめていて、このバラン
スがなんとも素敵！ ブーツが白なのも軽やか

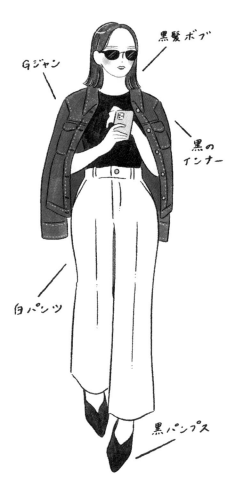

黒髪ボブ

Gジャン

黒の
インナー

白パンツ

黒パンプス

リング
ピアス

黒の
ベレー帽

白トップス

チェック柄
ジャケット

フレア
デニム

白
スニーカー

left
アイテムのバランスに注目

デニム＋スニーカーというラフなカジュアル
アイテムにジャケットを合わせているこのバ
ランスが素敵！ ベレー帽も良い……

right
時には肩掛けでクールに

きれいめパンプスに肩掛けでGジャンが一
気に洗練された雰囲気に。黒髪とサングラス
も印象を底上げしていてカッコいい〜！

" BLOUSE
&
LONG T-SHIRT "

パーマ
セミロング

花柄
シアー
トップス

えりもとに
パールが
ついた
サロペット
スカート

ゴブラン柄
Bag

チェック柄
シアー
ソックス

黒シューズ

コーデは自分の"好き"を大切に

好き！ これかわいい〜！と思う
ものを身に着けているんだろうな
というのが伝わってくるかのよ
う。ソックスやヘアまでこだわり
を感じました…全てがカワイイ

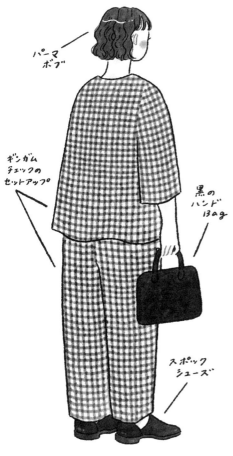

パーマ
ボブ

ギンガム
チェックの
セットアップ

黒の
ハンド
Bag

スポック
シューズ

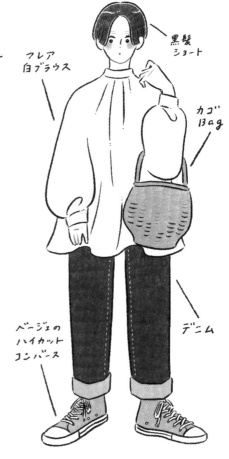

フレア
白ブラウス

黒髪
ショート

カゴ
Bag

デニム

ベージュの
ハイカット
コンバース

left
セットアップを着こなそう

品のあるナチュラルスタイル！ 革っぽい黒
小物が印象を引き締めていて、ほっこりしす
ぎてないのが良いな～。セットアップって
やっぱり可愛い

right
定番アイテムはサイズ感が大事

デニムの丈が秀逸…！ ハイカットスニー
カーがキレイに見える位置で折り曲げている
と思います。定番アイテムこそ、こだわるべ
きはサイズ感ですね

まるっとした
シルエットの
ショートボブ

アウターなしでお出かけできる
季節を楽しみたい

キナリっぽい
ロンT

ぷくっと
した
ショルダー
Bag

キミドリ
の
スカート

黒髪下位置
おだんご

くすみブルー
の
トップス

トート
Bag

黒の
ティアード
スカート

白パンプス

厚底
レースアップ
シューズ

left

カジュアル×キレイめMIX

スカートの色がバァンと目立ってて目が行っ
たんですが、ロンTにパンプス、紐が太め
のショルダー Bag…とカジュアルとキレイめ
のバランスが天才的

right

上下のバランス感がキレイ

スカート、靴とボトムにボリュームがあるぶ
ん、トップスはスッキリしていてバランスが
キレイ〜！

オン眉
ぱっつん
ポニーテール

黒の
ボリューム
ブラウス

黒髪
ショート

グリーン
の
シアー
トップス

黒の
キャミ
ワンピ

白ソックス
に
赤みブラウン
の
ローファー

ぱきっと
オレンジ
の
パンツ

VANS
の
チェッカー
スリッポン

left

組み合わせで生まれる個性

黒ブラウスにこんなアイテムを持ってくるなんて…！ 個性あふれるセンスが素晴らしい〜〜〜ぱっつん前髪＆黒髪もかっこいい…

right

トップスとシューズの色選び

ローファーの赤みブラウンがトップスのグリーンの色味とキレイに馴染んでていいな〜私なら黒でまとめちゃうので参考になります

"BORDER"

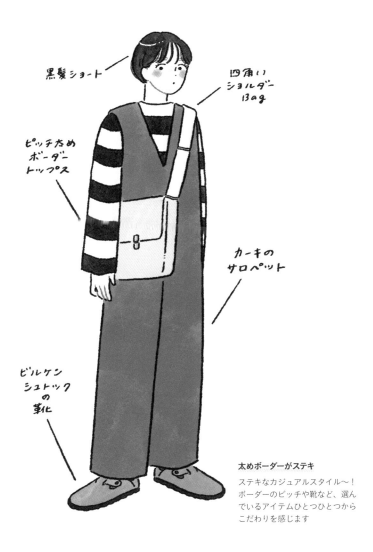

黒髪ショート

四角い
ショルダー
Bag

ピッチ太め
ボーダー
トップス

カーキの
サロペット

ビルケン
シュトック
の
靴

太めボーダーがステキ
ステキなカジュアルスタイル〜！
ボーダーのピッチや靴など、選ん
でいるアイテムひとつひとつから
こだわりを感じます

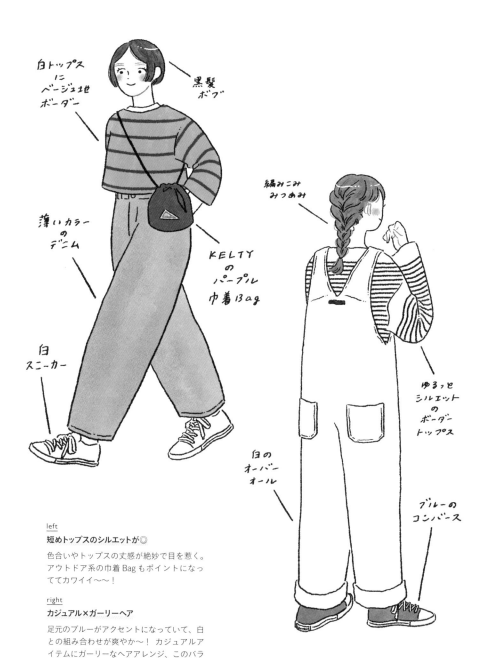

白トップスにベージュ地ボーダー

黒髪ボブ

編みこみみつあみ

薄いカラーのデニム

KELTYのパープル巾着Bag

白スニーカー

ゆるっとシルエットのボーダートップス

白のオーバーオール

ブルーのコンバース

left
短めトップスのシルエットが◎

色合いやトップスの丈感が絶妙で目を惹く。
アウトドア系の巾着Bagもポイントになっ
ててカワイイ〜〜！

right
カジュアル×ガーリーヘア

足元のブルーがアクセントになっていて、白
との組み合わせが爽やか〜！ カジュアルア
イテムにガーリーなヘアアレンジ、このバラ
ンスすごく好きです

定番のボーダーも
色使いや着こなしで個性アップ

黒髪
ひとつむすび

ピンクの
スウェット？
カーデ？
肩がけ

メガネ

ピンクの
ゆるっと
ボーダー
トップス

ブラウンの
ボアベスト

黒髪ショート

ブルーの
ボーダー
トップス

黒の
ハンド
Bag

白デニム

白
スニーカー

白ソックス
に
黒パンプス

カーキの
パンツ

left
ピンクなのに可愛すぎない
ピンクと白しか使っていない潔さ…！ メガ
ネや時計がシンプルで、可愛すぎない大人の
ピンクコーデ、という感じで参考になる

right
トレンド感×ベーシック
ボアベストをパリジェンヌっぽく着こなして
いて、トレンド感×ベーシックのお手本のよ
う。ボーダーがブルーなのも良いな〜

STREET SNAP

春の街角で、他にもこんなおしゃれさんを見かけました。
個人的なナルホドは「白」！ この色のアイテムをどこかに入れることで、
グッと明るく春らしい装いになっていると思うんです。
アウターがいらなくなり、さらっと一枚のみでも
メリハリのあるスタイルに仕上がっている人にも惹かれます。

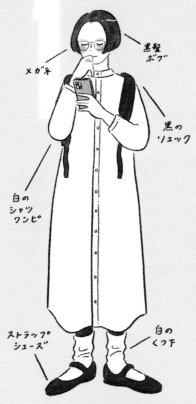

メガネ

黒髪
ボブ

黒の
リュック

白の
シャツ
ワンピ

ストラップ
シューズ

白の
くつ下

丈感やサイズ感などバランスがキ
レイなモノトーンコーデ。黒髪×
メガネも全体の印象をスッキリさ
せていると思います

明るい
カラーの
ひとつむすび

真っ赤な
ワンピース

VANSのチェッカースリッポン

ガーリー寄りのワンピースの足元
にチェッカー柄、かわいいじゃ
ん！？と二度見しちゃった。ぱ
きっと潔い赤だから似合うのかも

半月ショルダーBag

黒髪ショート

ミントブルーのストライプティアードワンピ

NIKEのスニーカー

ひらひらしたシルエットにカジュアルなスニーカーと太いショルダーのBagが好バランス。ショートヘアもいいね

明るいカラーのショート

白のミリタリーベスト

白のロンT

レオパードスカート

白のボリュームスニーカー

薄い色のデニム

面積の多いドーン！なレオパード柄をさらっとカジュアルに着こなしていてすごい。白アイテムが多いからかな？ 明るいヘアカラーもコーデに合っていてカワイイ〜〜

黒髪ショート

ブルーのストライプシャツ

メガネ

カゴBag

赤カーデ

デニム

白シューズ

デニム＋赤がまず可愛いし、ストライプ柄と白シューズが春らしい〜！カゴBagの形が少し変わった横長で、きっとこだわってアイテム選びをされてそう…！

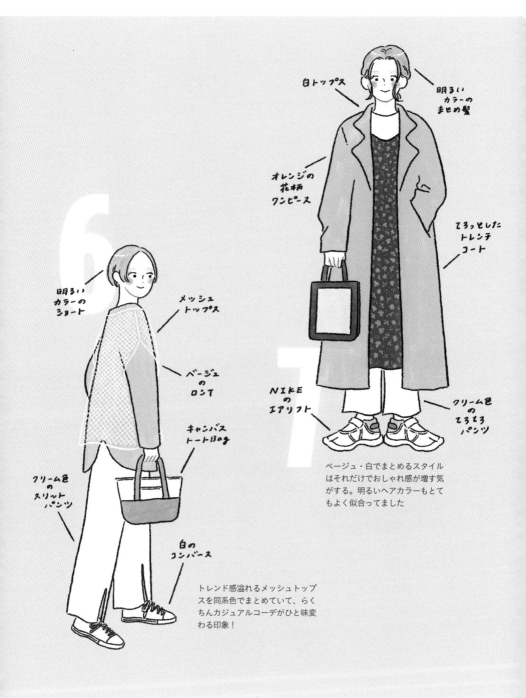

6

明るい
カラーの
ショート

メッシュ
トップス

ベージュ
の
ロンT

キャンバス
トートBag

クリーム色
の
スリット
パンツ

白の
コンバース

トレンド感溢れるメッシュトップ
スを同系色でまとめていて、らく
ちんカジュアルコーデがひと味変
わる印象！

7

白トップス

明るい
カラーの
まとめ髪

オレンジの
花柄
ワンピース

てろっとした
トレンチ
コート

NIKE
の
エアリフト

クリーム色
のてろてろ
パンツ

ベージュ・白でまとめるスタイル
はそれだけでおしゃれ感が増す気
がする。明るいヘアカラーもとて
もよく似合ってました

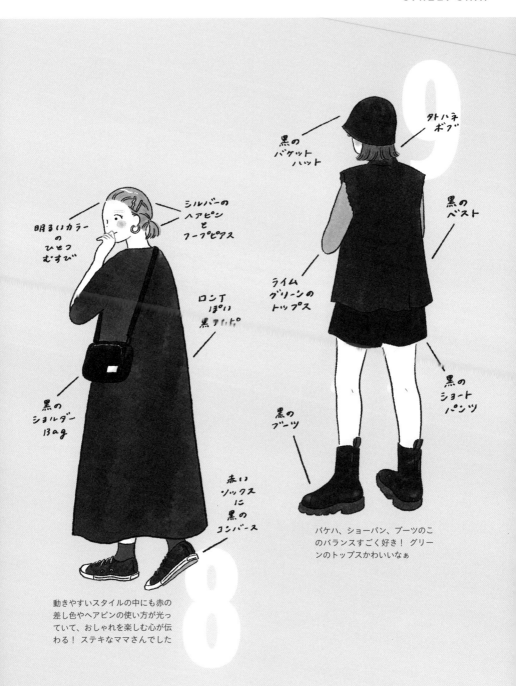

明るいカラーの
ひとつ
むすび

シルバーの
ヘアピン
と
フープピアス

ロンT
ぽい
黒ワンピ

黒の
ショルダー
Bag

赤い
ソックス
に
黒の
コンバース

タトハネ
ボブ

黒の
バケット
ハット

黒の
ベスト

ライム
グリーンの
トップス

黒の
ショート
パンツ

黒の
ブーツ

バケハ、ショーパン、ブーツのこのバランスすごく好き！ グリーンのトップスかわいいなぁ

9

8

動きやすいスタイルの中にも赤の差し色やヘアピンの使い方が光っていて、おしゃれを楽しむ心が伝わる！ ステキなママさんでした

お花見

個人的に意識したいのは、「長時間座るならストレスのないボトム」「脱ぎ履きしやすい靴」「写真を撮るだろうから、映えるように明るめのトップス」などでしょうか。誰と行くか、どの程度の時間滞在するのかにもよると思うので、TPOに合わせて色々なスタイルを楽しみたい！

スマホ
ショルダー

スウェット

パステルカラー
なら
一気に春っぽい

スニーカー

ふらっと気軽に見に行くなら、その辺でテイクアウトをして装いも気楽にスウェットでもいいな。パステルカラーを入れるとグッと春らしくなります

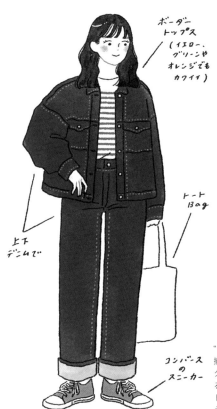

ボーダー
トップス
（イエロー、
グリーンや
オレンジでも
カワイイ）

上下
デニムで

トート
Bag

コンバース
の
スニーカー

"春といえば"のデニムを上下で揃え、差し色は桜に合わせてピンクを入れて。ピンクすぎると感じる場合はスニーカーかボーダートップス、どちらかを無彩色に変えても

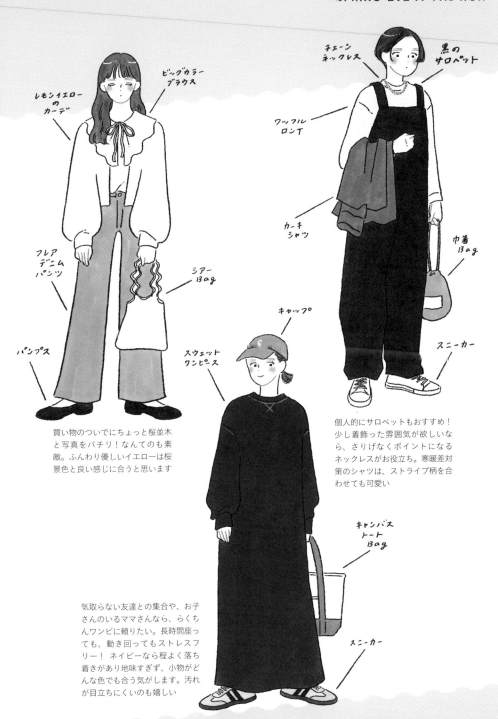

レモンイエロー
のカーデ

ビッグカラー
ブラウス

フレア
デニム
パンツ

シアー
Bag

パンプス

チェーン
ネックレス

黒の
サロペット

ワッフル
ロンT

カーキ
シャツ

巾着
Bag

キャップ

スウェット
ワンピース

スニーカー

キャンバス
トート
Bag

スニーカー

買い物のついでにちょっと桜並木
と写真をパチリ！なんてのも素
敵。ふんわり優しいイエローは桜
景色と良い感じに合うと思います

個人的にサロペットもおすすめ！
少し着飾った雰囲気が欲しいな
ら、さりげなくポイントになる
ネックレスがお役立ち。寒暖差対
策のシャツは、ストライプ柄を合
わせても可愛い

気取らない友達との集合や、お子
さんのいるママさんなら、らくち
んワンピに頼りたい。長時間座っ
ても、動き回ってもストレスフ
リー！ ネイビーなら程よく落ち
着きがあり地味すぎず、小物がど
んな色でも合う気がします。汚れ
が目立ちにくいのも嬉しい

MEN'S OUTFIT

ブルーやベージュの素敵な着こなしが気になる！
コートスタイルでも色使いや柄が春らしかったり、爽やかで明るい組み合わせに注目したい。

ネイビーの
キャップ

白と黒の
細ピッチボーダー
ロンT

クリーム色の
キャップ

鮮やか
ブルーの
バンドカラー
シャツ

白パンツ

グレーの
ニュー
バランス
スニーカー

ベージュの
パンツ

グレーの
ソックス
に
tevaの
サンダル

アイテムも色もベーシックでシン
プルだけど目が行ったのは、ゆる
めのサイズ感だからかも

シャツのブルーが爽やかで良い
〜！ 白・クリーム色・グレーな
ど柔らかな色を合わせていて優し
い印象になるね

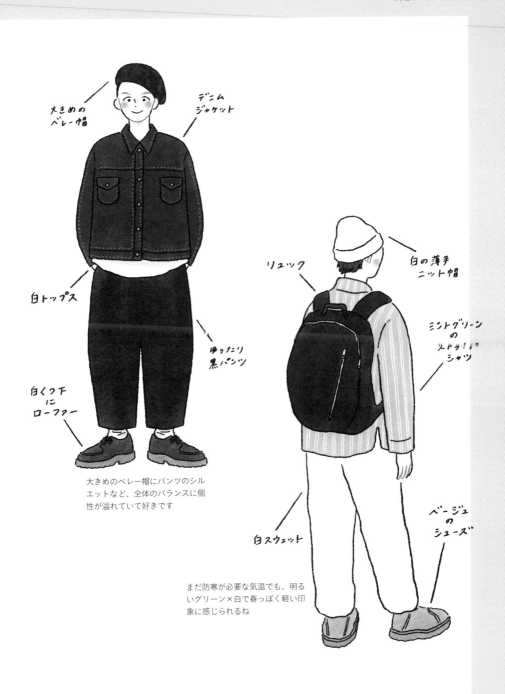

大きめの
ベレー帽

デニム
ジャケット

白トップス

ゆったり
黒パンツ

白くつ下
に
ローファー

大きめのベレー帽にパンツのシル
エットなど、全体のバランスに個
性が溢れていて好きです

リュック

白の薄手
ニット帽

ミントグリーン
の
ストライプ
シャツ

白スウェット

ベージュ
の
シューズ

まだ防寒が必要な気温でも、明る
いグリーン×白で春っぽく軽い印
象に感じられるね

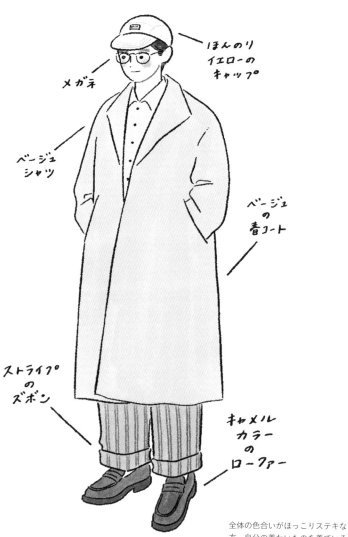

ほんのり
イエローの
キャップ

メガネ

ベージュ
シャツ

ベージュ
の
春コート

ストライプ
の
ズボン

キャメル
カラー
の
ローファー

全体の色合いがほっこりステキな
方。自分の着たいものを着ている
感が溢れていてすごく良き…イエ
ローのキャップかわいいな〜！

黒髪
マッシュ

メガネ

丈が短い
パーカー

ブルーの
ストライプ
シャツ

ロゴ入りの
黒キャップ

黒の
スプリング
コート

白トップス

黒の
ゆるっと
パンツ

白ソックス
に
ローファー

黒の
ショート
パンツ

ラインソックス
に
ボリューム
スニーカー

黒でまとまっている中にストライ
プがポイントになっていて好きな
コーデです！ 全体のバランスも
いいな〜

丈の短いパーカーや足元にポイン
トがあったり、全体のシルエット
が良い〜！

Summer

夏のおしゃれさん

夏しかできないおしゃれを楽しみたい

「半袖」や「透け素材」って夏ならでは！
この時季しかできないスタイルや、
この時季だからこそできるスタイルに魅力を感じます。
派手なカラーが夏の強い日差しと好相性なところも楽しい。

"WHITE T-SHIRT"

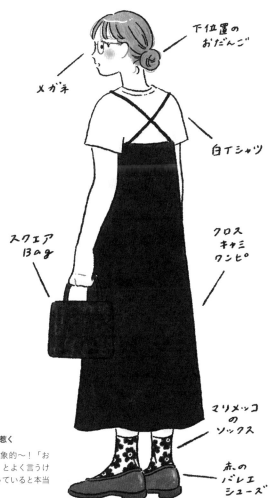

下位置の
おだんご

メガネ

白Tシャツ

スクエア
Bag

クロス
キャミ
ワンピ

マリメッコ
の
ソックス

赤の
バレエ
シューズ

シューズの赤が目を惹く

華やかな足元が印象的〜！「お
しゃれは足元から」とよく言うけ
ど、こうしてキマっていると本当
にステキ

メガネ

クロシェ
ハット

シンプルだから何にでも合う
夏の白Tは着こなし無限大

キャラクター
Tシャツ

リュックに
くまさん
キーホルダー

やさしい
ブルーの
チェック
パンツ

白の
スニーカー

みつあみ

レモンイエロー
の
シャツ

グリーンロゴ
の
白T

キミドリ
の
プリーツ
パンツ

白の
サンダル

left

ブルー同系色のまとめ方

アイテムと色のチョイスが好きすぎる…め
ちゃくちゃ可愛い！！ 色がキレイにまと
まってると目が行っちゃう

right

夏の色使い上級者

グリーン×イエローがスッキリ鮮やか＆爽や
かでこの時季らしい〜〜色使いが上手だなあ
…ポコンとしたサンダルもカワイイ

メリり上げ
パーマ
ショート

白T

タイトめの
ギンガム
チェック
キャミワンピ

マーチン
の
ブーツ

黒髪ボブ

マリメッコ
の
Bag

白T

カーキの
パンツ

白の
スニーカー

left
甘辛MIXスタイルがステキ

刈り上げのヘアスタイルにマーチンがカッコ
よすぎる〜〜！ ピタッとしたシルエットの
ワンピースにごってりブーツの組み合わせ好
きです…！

right
シンプルコーデにはアクセントを

カーキと白の組み合わせ、個人的にすごく好
きです。マリメッコの Bag が良いアクセン
ト〜！ くしゅっとしたボブヘアもカワイイ

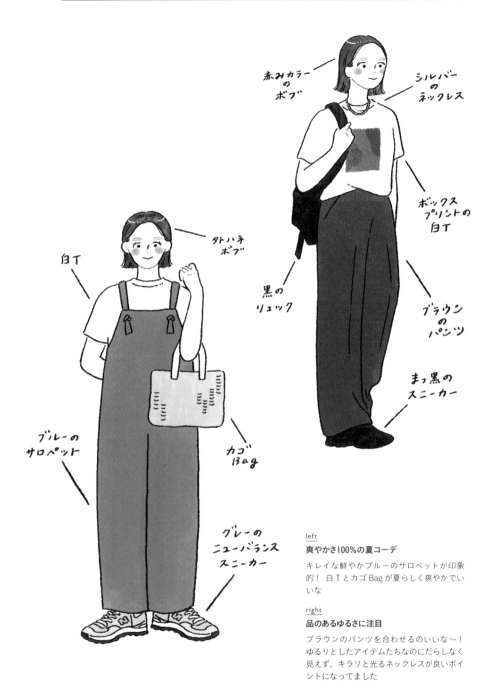

赤みカラーのボブ

シルバーのネックレス

タトハネボブ

白T

ボックスプリントの白T

黒のリュック

ブラウンのパンツ

まっ黒のスニーカー

ブルーのサロペット

カゴBag

グレーのニューバランススニーカー

left
爽やかさ100%の夏コーデ
キレイな鮮やかブルーのサロペットが印象
的！ 白TとカゴBagが夏らしく爽やかでい
いな

right
品のあるゆるさに注目
ブラウンのパンツを合わせるのいいな〜！
ゆるりとしたアイテムたちなのにだらしなく
見えず、キラリと光るネックレスが良いポイ
ントになってました

"ONE PIECE"

黒髪
パーマボブ

オリエンタル
な
ピアス

黒の
インナー

ライト
グリーンの
ワンピース

黒の
サンダル

ワンアイテム×アクセで潔く

ポイントになっている派手なピ
アスと、形はシンプルながら鮮や
かなグリーンの塩梅がステキ

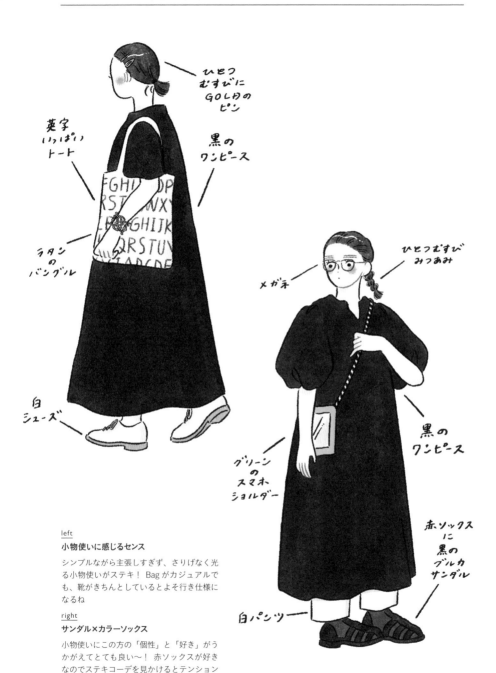

ひとつ
むすびに
GOLDの
ピン

英字
いっぱい
トート

黒の
ワンピース

ラタン
の
バングル

ひとつむすび
みつあみ

メガネ

白
シューズ

黒の
ワンピース

グリーン
の
スマホ
ショルダー

赤ソックス
に
黒の
ブルカ
サンダル

白パンツ

left

小物使いに感じるセンス

シンプルながら主張しすぎず、さりげなく光
る小物使いがステキ！ Bag がカジュアルで
も、靴がきちんとしているとよそ行き仕様に
なるね

right

サンダル×カラーソックス

小物使いにこの方の「個性」と「好き」がう
かがえてとても良い〜！ 赤ソックスが好き
なのでステキコーデを見かけるとテンション
上がる

1枚で存在感のある
ワンピースは夏にぴったり
アクセや小物で自分らしく

ロマンスグレー
の
ショート
ヘア

青と白の
メルカド
Bag

鮮やか
ブルーの
ワンピース

ふわふわ
した
ハーフアップ
ヘア

チェック柄
の
くたっと
トート

ブルーの
Tシャツ

まっしろ
パンプス

白パンツ

ベージュの
サロペット
スカート

ビルケン
シュトック
の
シューズ

グリーン
の
ソックス

left
鮮やかカラーを着こなすシニア
鮮やかなばきっとブルーのワンピースが目を
惹く。シニアの方の明るいカラーのコーデは
元気になります、素敵

right
カジュアルに個性をひとさじ
コーデの色選びがとても好きです！！ 普通
のカジュアルスタイルより少し個性があっ
て、それでいて派手すぎないこのバランスす
ごく良いな〜ヘアもカワイイ

パールの
ピアス
・ネックレス

ぱっつん
黒髪
ショート

レースの
ノースリーブ
ワンピース

黒髪
束感ボブ

薄いブルー
の
デニム

GOLD
の
ぺたんこ
パンプス

黒の
ワンピース

カラフル
な
Bag

黒の
トング
サンダル

left
レディな後ろ姿に惚れ惚れ

細かいディテールはうろ覚えなんだけど、後
ろのデザインかわいい〜！！ サラッと着こ
なしていて惚れ惚れします。カラフルな Bag
もモノトーンにぴったり

right
これぞ夏の涼しげコーデ

レースが涼しげだし、合わせたデニムも薄い
色で爽やか〜！ 黒髪に赤リップもステキで
した

"SHEER & MESH"

シルバー
ネックレス

黒髪ボブ

蛍光グリーン
の
トート
Bag

黒の
シアー
トップス

タイト
スカート

黒の
ぺたんこ
サンダル

モノトーン×小物使い

モノトーンのスタイルに、シル
バーのネックレスと蛍光カラーが
映えててめちゃくちゃ好きです！

夏ならではの涼しげアイテム
トレンド感×自分らしさがカギ

黒髪
ぱっつんボブ

シルバー
の
連なりピアス

黒
メッシュ
トップス

黒白の
キャミ

ブルーの
ミニショルダー
Bag

ジャージ
トラック
パンツ

白の
ごつごつ
スニーカー

ストレート
ヘアの
ひとつむすび

白の
タンクトップ
に
白のメッシュ
トップス

ウッド
ブレスレット

黒の
タイト
スカート

クリアサンダル

left
トレンドアイテムに個性をプラス

トレンド感たっぷりのコーデ! アクセやポイントになっているバッグなど、個性も出ていて好きです

right
シンプルかつ上品に魅せる

メッシュトップスでトレンド感ありつつ、それでいてシンプルで品のあるコーデ! 潔いひとつむすびもステキ

パールの
ピアス

パーマボブ
に
カチューシャ

白の
開襟
シャツ

ショルダー
Bag

ピンク
ベージュの
プリーツ
シアー
スカート

シルバー
の
サンダル

ハンサム
ショート

シルバーの
フープ
ピアス

グリーン
の
リブ
トップス

グレーの
ベスト
セットアップ

ごくごく
うす〜い
グリーンの
ソックス
に
黒のサンダル

left
ボトムスのシアーもステキ
スカートのシルエットが美しい〜! 太めの
カチューシャがパーマヘアによく似合ってて
めっちゃ可愛かったです

right
トップスとソックスの色合わせ
グリーンが可愛くて目が行きがち…グレーの
セットアップって珍しくない…!? ソック
スとカラーもリンクさせてていいな〜

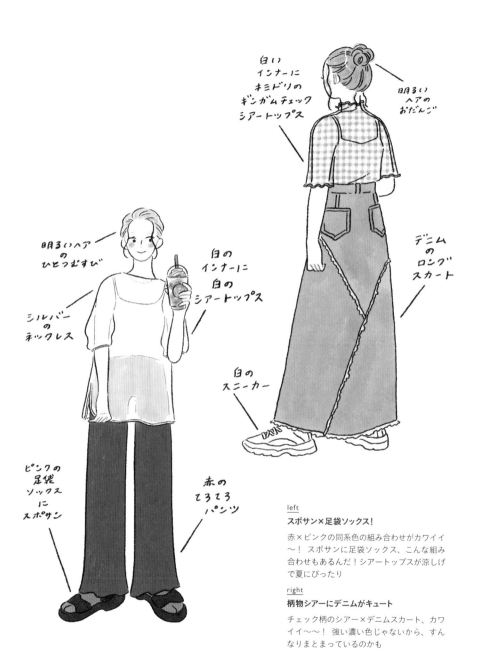

白い
インナーに
キミドリの
ギンガムチェック
シアートップス

明るい
ヘアの
おだんご

明るいヘア
の
ひとつむすび

白の
インナーに
白の
シアートップス

デニム
の
ロング
スカート

シルバー
の
ネックレス

白の
スニーカー

ピンクの
足袋
ソックス
に
スポサン

赤の
てろてろ
パンツ

left
スポサン×足袋ソックス！

赤×ピンクの同系色の組み合わせがカワイイ
〜！ スポサンに足袋ソックス、こんな組み
合わせもあるんだ！シアートップスが涼しげ
で夏にぴったり

right
柄物シアーにデニムがキュート

チェック柄のシアー×デニムスカート、カワ
イイ〜〜！ 強い濃い色じゃないから、すん
なりまとまっているのかも

(PICK UP ITEM 04)

"PATTERN"

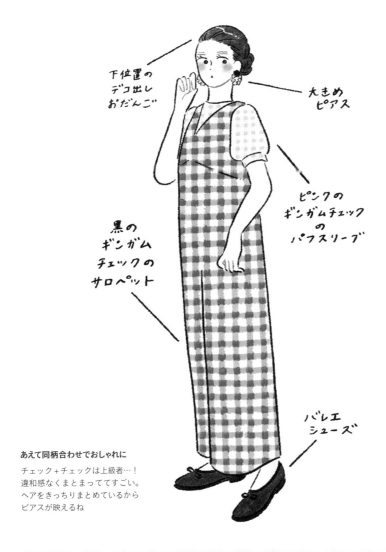

下位置の
デコ出し
おだんご

大きめ
ピアス

ピンクの
ギンガムチェック
の
パフスリーブ

黒の
ギンガム
チェックの
サロペット

バレエ
シューズ

あえて同柄合わせでおしゃれに

チェック+チェックは上級者…！
違和感なくまとまっててすごい。
ヘアをきっちりまとめているから
ピアスが映えるね

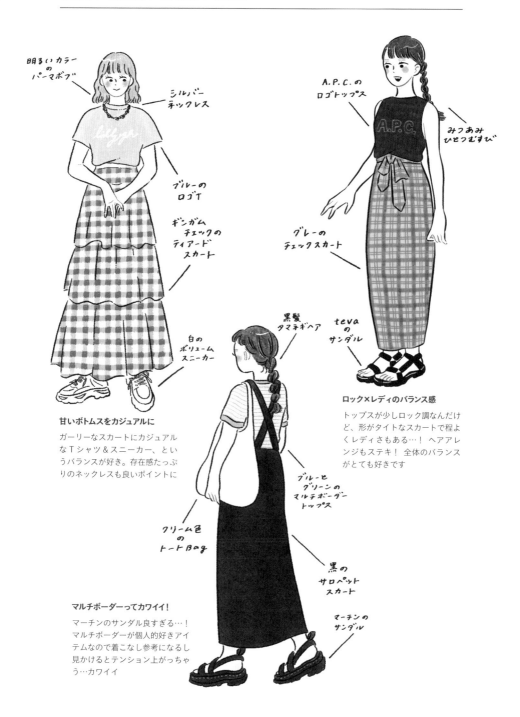

明るいカラー
の
パーマボブ

シルバー
ネックレス

ブルーの
ロゴT

ギンガム
チェックの
ティアード
スカート

白の
ボリューム
スニーカー

A.P.C.の
ロゴトップス

みつあみ
ひとつむすび

グレーの
チェックスカート

黒髪
タマネギヘア

teva
の
サンダル

ブルーと
グリーンの
マルチボーダー
トップス

クリーム色
の
トートBag

黒の
サロペット
スカート

マーチンの
サンダル

甘いボトムスをカジュアルに

ガーリーなスカートにカジュアル
なTシャツ＆スニーカー、とい
うバランスが好き。存在感たっぷ
りのネックレスも良いポイントに

ロック×レディのバランス感

トップスが少しロック調なんだけ
ど、形がタイトなスカートで程よ
くレディさもある…！ ヘアアレ
ンジもステキ！ 全体のバランス
がとても好きです

マルチボーダーってカワイイ！

マーチンのサンダル良すぎる…！
マルチボーダーが個人的好きアイ
テムなので着こなし参考になるし
見かけるとテンション上がっちゃ
う…カワイイ

夏こそ柄を着てみよう
ワンアイテムも、柄×柄も楽しい

パープルのキャップ

明るめヘアカラーのおだんご

白シャツ

パープルの小花柄トップス

しっかり生地の白パンツ

まっ白のコンバース

黒髪ショートパーマ

グレーのノースリーブ

持ち手が革のカゴBag

黄色とブルーのオリエンタル柄パンツ

青みグレーのトングサンダル

ショートヘアにカンカン帽

黒Tシャツ

黒のトートBag

薄手生地のチェックスカート

ローファーデザインのスリッパサンダル

色選びでアイテムの印象チェンジ
パープル×白でふわっとかわいい
雰囲気〜〜！ カジュアルでもこ
んなにふんわりになるんだ！ ヘ
アカラーもぴったり

同系色だとキレイにまとまる
青みがかったグレーのサンダルい
いなぁ。寒色系でキレイにまと
まっていてステキ！ カゴ Bag も
ぴったりですね

柄物一点投入のメリハリ
足元がローファーデザインでラフ
な T シャツながらきっちりした
印象！ 柄物一点投入すごく好き
です

STREET SNAP

ワンツーコーデでもシルエットや組み合わせによって
色々な着こなしが生まれるところに注目！
1枚重ねて動きを出しているスタイルも気になります。

クトハネボブ

シルバー
ネックレス

グレーの
くたっと
Tシャツ

黒の
クロシェ
タンクトップ

カーキの
カーゴパンツ

トング
サンダル

ひとつむすび

GOLD
の
細チェーン
ネックレス

黒の
ベスト

スマホ
ショルダー

黒の
カーゴ
パンツ

厚底
グルカ
サンダル

クロシェトップスとカーゴパンツ
でトレンド感たっぷり！ さりげ
なく取り入れてる感じが好きです

おっ…おっしゃれ～～！！ ママ
には欠かせないであろう「動きや
すさ」がありつつトレンドも押さ
えてて、さらにさりげないアクセ
使い…ステキ

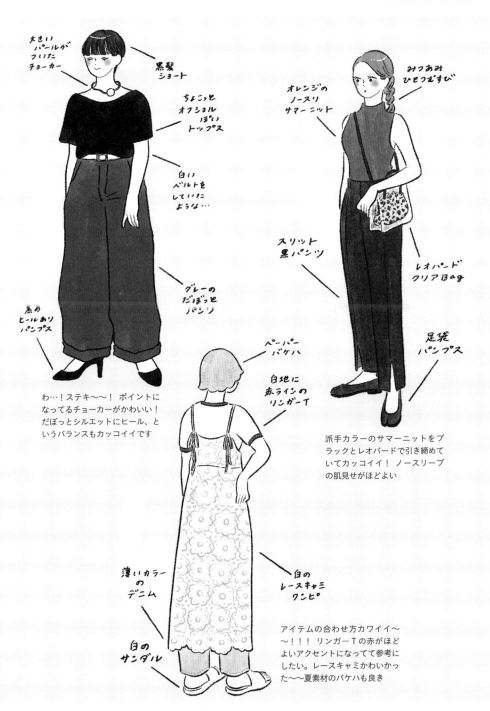

大きい
パールが
ついた
チョーカー

黒髪
ショート

ちょこっと
オフショル
ぽい
トップス

白い
ベルトを
していた
ような…

黒の
ヒールあり
パンプス

グレーの
だぼっと
パンツ

わ…！ステキ〜〜！ ポイントに
なってるチョーカーがかわいい！
だぼっとシルエットにヒール、と
いうバランスもカッコイイです

オレンジの
ノースリ
サマーニット

みつあみ
ひとつむすび

スリット
黒パンツ

レオパード
クリア Bag

足袋
パンプス

派手カラーのサマーニットをブ
ラックとレオパードで引き締めて
いてカッコイイ！ ノースリーブ
の肌見せがほどよい

ペーパー
バケハ

白地に
赤ラインの
リンガーT

薄いカラー
の
デニム

白の
サンダル

白の
レースキャミ
ワンピ

アイテムの合わせ方カワイイ〜
〜！！！ リンガーTの赤がほど
よいアクセントになってて参考に
したい。レースキャミかわいかっ
た〜〜夏素材のバケハも良き

黒髪
ボブ

GOLDの
デカめ
ネックレス

ワイド
デニムパンツ

首が
開きめの
赤ボーダー
トップス

白の
厚底
スニーカー

グレーの
リンガー
Tシャツ

黒髪
ショートボブ

グレーの
シアーっぽい
プリーツ
スカート

アディダス
の
ビニール
Bag

青と水色
の
ラインソックス
に
黒の
ニューバランス
スニーカー

アイテムの選び方に合わせ方、全
てがド好みかも…存在感のある
ネックレス＋赤がめちゃくちゃ
カッコイイです

アイテムの組み合わせかわいい
〜！ ブルー×グレーの色合いも
いいな。好きな服を着てるんだろ
うなぁという感じが好きです！！

オン眉パーマ
の
ポニーテール
に
パールの
ヘアアクセ

ドットの布が
色々ついた
黒トップス

白の
開襟シャツ

黒髪
内まき
ボブ

黒の
ベルト

白の
ショート
パンツ

ショッキング
ピンク
の
ゆるパンツ

マーチンぽい
サンダル

tava
の
サンダル

明るく爽やかな白の上下にカジュ
アルなサンダルでヘルシーな肌見
せに感じる…！ 黒ベルトで引き
締めてるのもいいな

ド派手なピンクが印象的な個性派
おしゃれさん〜！ カーリーなオ
ン眉ヘアかわいすぎる

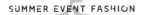

SUMMER EVENT FASHION

夏フェス

街歩きではしない格好ができるのが、私の思うフェスコーデの好きなところ！Tシャツにショートパンツなどの定番スタイルはきっとたくさん出てくるのであえて避けて、こんなアイテムも合うんだ！というスタイルを選んでみました。

クロシェ
ベスト

サファリ
ハット

白Tシャツ

カーゴ
パンツ

白Tシャツ

白の
スニーカー

アウトドア
ベスト

黒の
ショート
パンツ

レース
アップ
ブーツ

クロシェベストはカラフルなものが多いので賑やかなフェスシーンにも合うと思います。パンツはベストの色から拝借。フェス会場では「普段の私からすると少し派手かな？」くらいがちょうど良かったりします

シンプルな上下にアウトドアシーンを思わせるベストをプラス。足元をブーツにすると、ベストの雰囲気も相まってミリタリーにかっこよくまとめられる

シルバー
アクセ

キャップ

ノースリーブ
レトロ
Tシャツ

スマホ
ショルダー

デニム
ショート
パンツ

黒の
スニーカー

パープル
の
ソックス

ROCK寄りのスタイルも好きです！！黒を基調に、Tシャツのプリントから小物の色を選んでみました。ベースが黒ならビビッドカラーやパステル寄り、ネオンカラーも合いそうなので、普段身に着けない色で遊べるチャンス

ベージュ
の
タンクトップ

クリア
Bag

ブラウン
の
キャミ
ワンピース

アース
カラー
の
スニーカー

アースカラーでまとめるスタイルも素敵！タンクトップくらいの肌見せは程よくヘルシーだからか、落ち着いたカラーにぴったり。

サファリ
ハット

ゆるっと
シルエット
の
Tシャツ

NIKE
の
エアリフト

ショルダー
Bag

ゆるっと
パンツ

街ブラスタイルを少しフェス仕様にしてみたスタイル。フェスでしか着ない服を揃えるのはもったいないかも…と感じる人は、普段の服で工夫するのも楽しい

MEN'S OUTFIT

シンプルなアイテム同士でもサイズ感や全体のバランスが美しい装いが気になりました。
シンプルほど、小物使いが肝な気がします。

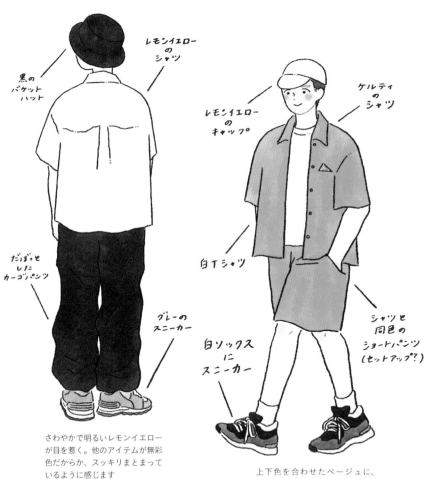

黒の
バケット
ハット

レモンイエロー
の
シャツ

レモンイエロー
の
キャップ

ケルティ
の
シャツ

だぼっと
した
カーゴパンツ

白Tシャツ

グレーの
スニーカー

白ソックス
に
スニーカー

シャツと
同色の
ショートパンツ
(セットアップ?)

さわやかで明るいレモンイエロー
が目を惹く。他のアイテムが無彩
色だからか、スッキリまとまって
いるように感じます

上下色を合わせたベージュに、
キャップのレモンイエローの組み
合わせが良い〜！

黒のバケハ

黒の
ショルダー
Bag

黒の
Tシャツ

黒の
ショート
パンツ

teva
の
サンダル

パーマヘア

巾着
ショルダー
Bag

ピンフの
Tシャツ

ゆるゆる
デニム

グリーン
の
VANS

バケハにビッグシルエットのT
シャツ、とトレンドを入れつつ全
アイテム黒でまとまっていてこだ
わりを感じる! このパンツの丈
がすばらしく似合ってました

巾着のショルダー Bag とグリー
ンの VANS かわいい〜! ピンク
の T シャツとの相性もいいなぁ
…! シンプルながら惹かれた方
でした

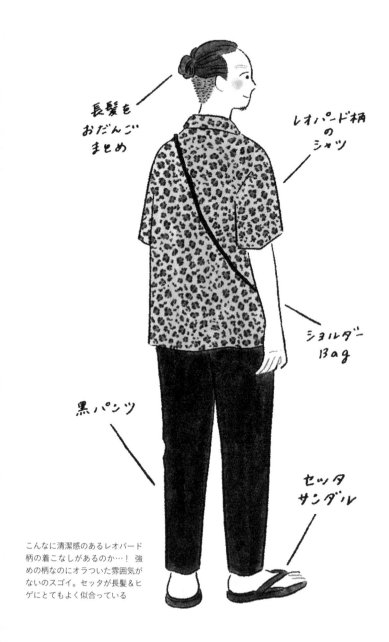

長髪を
おだんご
まとめ

レオパード柄
の
シャツ

ショルダー
Bag

黒パンツ

セッタ
サンダル

こんなに清潔感のあるレオパード
柄の着こなしがあるのか…！ 強
めの柄なのにオラついた雰囲気が
ないのスゴイ。セッタが長髪＆ヒ
ゲにとてもよく似合っている

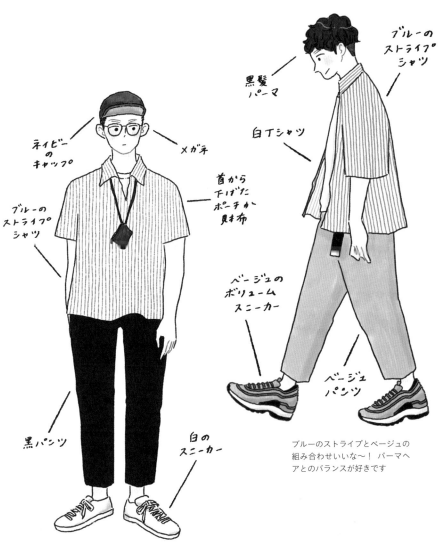

ネイビーの
キャップ

メガネ

ブルーの
ストライプ
シャツ

首から
下げた
ポーチか
財布

黒パンツ

白の
スニーカー

黒髪
パーマ

ブルーの
ストライプ
シャツ

白Tシャツ

ベージュの
ボリューム
スニーカー

ベージュ
パンツ

首から下げたポーチ？財布？のミ
ニマムサイズがかわいい〜！ ブ
ルーのストライプに白スニーカー
が爽やかな印象

ブルーのストライプとベージュの
組み合わせいいな〜！ パーマヘ
アとのバランスが好きです

「推しカラー」という言葉をよく聞くようになった昨今ですが、かく言う私も
ガッツリ推し色を取り入れて服を選ぶことがあります。推し色を身にまとうと、
それだけでテンションが上がるし、その人の「好き」の気持ちが伝わってきた
り、楽しんでいる姿が本当にかわいくて、着ている人を見るのも大好き。
せっかくなので、色別に取り入れ方を考えてみました。

OSHI-IRO
COORDINATE

RED

RED
黒の
シンプル
ワンピース

RED
赤の
トート
Bag

RED
赤の
ブラウス

ミニBag

フレア
デニム

パンプス

RED
赤の
ソックス
に
グルカ
サンダル

「推しカラー」としてたく
さん出ているトートバッグ
は取り入れやすい！ 靴下
はサンダルと合わせると見
える面積が増やせます。服
で取り入れるのが難しい人
は、こんなふうに小物なら
気軽にお試しできると思っ
ています

赤はブラウスで取り入れても素
敵！ バキッと原色の赤は着慣れ
ないかも…という方は、こんなふ
うに少し落ち着いた色もおすすめ

RED
赤の
タートル
ニット

シルバー
の
ネックレス

黒の
キャミ
ワンピース

RED
赤の
ハンド
バッグ

トート
Bag

ブーツ

赤のニットにしか出せない
可愛さってあると思う。ボ
トムは何を合わせても素敵
だと思うけど、キャミワン
ピースなんてどうでしょう
か。赤はバッグでも素敵な
アイテムがたくさんあるの
で、お気に入りを見つけて

RED
赤の
ロゴ
スウェット

BETTER

ぽこぽこ
ディティール
の
スカート

RED
赤
ソックス

ごってり
シューズ

トップスと靴下のリンクも定番の
取り入れ方だと思います。トップ
スにボリュームがあるときは、ボ
トムはすっきりとしたシルエット
にするとバランスがキレイ

シルバー
アクセ

黒の
キャミソール

白シャツ

シルバー
の
ショルダー
Bag

RED
赤の
カラー
パンツ

厚底
サンダル

カラーパンツは様々なメー
カーやブランドからたくさ
んバリエーションが出てい
るので、好みのシルエット
が探しやすく、取り入れや
すいアイテムのひとつ。お
尻が隠れる丈のアイテムと
合わせると体型カバーも叶
います

PINK

PINK

シアー
ピンクブラウス

トート
Bag

PINK

ログ入り
ロンT

ネックレス

PINK

トート
Bag

白の
マーメイド
スカート

白の
ブーツ

PINK

ピンク
の
スラックス

白のスニーカー

デザインがたくさん選べるブラウ
スで一点取り入れ！ スカートや
リボンが好きな人はとことんガー
リーにまとめられます

定番のパンツとトートバッグで取
り入れて。トップスは白だけど、
ロゴが推し色のものを選べば一気
に推しコーデとしてまとまりが出
ます

PINK
フェザー
カーデ

ショルダー
Bag

ピンクでも、少しくすんだ色味を選ぶとラブリーになりすぎず落ち着きが出るかも。くすみピンクには、似たトーンのデニムがすごくよく合う…！

薄い
カラーの
デニム
パンツ

黒の
パンプス

チェーン
ネックレス

デザイン
キャミ

バケット
ハット

PINK
シャツ

PINK
トート
Bag

PINK
うすピンク
の
スウェット

PINK
ギンガム
チェックの
トート
Bag

ティアード
キャミワンピ

ショート
パンツ

ブーツ

明るかったり柄物だったり、ビビッドだったりといろんなピンクを混ぜても楽しい！白を挟んでごちゃつきすぎないように

ちょっとかっこいいピンクの着こなしも大好きです。優しい色味が苦手な人は、濃いめの色味にするといつものスタイルに馴染んだりします

PINK
ピンクの
コンバース

ORANGE
オレンジの
カーデ

ORANGE
ロゴ入り
ロンT

ゴールドの
アクセサリー

ほんのり
クリーム色
の
パンツ

ORANGE
ニット
セットアップ

ベージュ
の
パンプス

キルティング
トートBag

白ブーツ

がまぐち
Bag

カーディガンは一点投入で一気に
推し色！という感じがするので取
り入れやすい。他をベージュなど
でまとめると優しい雰囲気になり
ます

少し落ち着いた色味でセットアッ
プも素敵！ ピタッとしたニット
素材なら一気に大人っぽく

ORANGE
シアー
トップス

シルバー
アクセ

ORANGE
メッシュ
Bag

黒デニム

厚底
グルカ
サンダル

シアートップスも色のバリエーションが豊富なので、取り入れるのにピッタリ。夏時期ならメッシュ素材の bag を取り入れてもカワイイ

ORANGE
オレンジ
の
マフラー

グレーの
コート

ゴールドの
巾着
Bag

ORANGE
オレンジ
の
ソックス

白の
パンツ

ブラウンのローファー

真冬はマフラーで取り入れても可愛い〜！ 個人的にオレンジ×グレー×白の組み合わせ大好きです。暖色系なので、ポイントでゴールドのアイテムも合うと思います

スマホ
ショルダー

ORANGE
リンガー
Tシャツ

ORANGE
チェックの
てろてろ
スカート

ORANGE
てろてろ
トート
Bag

白の
トング
サンダル

ガッツリオレンジでまとめてみました！ デザイン性のあるスマホのストラップは、オレンジの補色であるブルーなら違う色でもほんのり馴染みます

YELLOW

クリーム
イエロー
の
Tシャツ

ダウンベスト

YELLOW

イエロー
の
ニット

YELLOW

ほんのり
イエローの
Bag

YELLOW

クロシェ
ベスト

YELLOW

チェック柄
の
スカート

黒の
パンツ

白の
サンダル

革靴

ゴールドの
巾着
Bag

思いっきり色をたくさん使ってみ
ました。同じようなイエローでは
なく、薄かったり柄があったりと、
色々なイエローを混ぜるとチカチ
カしないと思います

YELLOW

イエローの
ソックス

トップスと靴下をリンクさせて、
他は黒ではっきりと。ゴールドの
Bagがポイント。靴をスニーカー、
Bagをトートにしても可愛い

ゴールド
の
アクセサリー

YELLOW
イエロー
の
カーディガン

イエロー
の
ハンド
Bag

タイト
ワンピース

足がスラッと見える丈の短
いカーデを主役に。首回り
が空くデザインのワンピー
スを選ぶと、ネックレスで
遊べて楽しいスタイルです

YELLOW
イエローの
ショルダー
Bag

白の
タートル
トップス

V字
パンプス

花柄
ワンピース

シアーキャミ
ワンピース

ブラウン
の
ローファー

トート
Bag

イエロー
の
ロンT

デニム

ベージュの
ソックス

カジュアルな上下にキャミ
ワンピースを重ねてお出か
け仕様に。一枚プラスする
だけで全体のシルエットや
色の範囲を調整できるの
で、頼れるアイテムです

さらりとワンピースで取り入れて
もカワイイ！ イエローならブラ
ウンやベージュも合うので、花柄
の雰囲気に合わせて足元を決めま
した

コーン
クリーム色
の
スニーカー

GREEN

GREEN

GREEN

グリーン
のショルダー
Bag

グリーン
のストライプ
シャツ

グリーンの
シアー
トップス

白Tシャツ

ニット
Bag

シアー
キャミソール

黒の
タイト
スカート

白の
トング
サンダル

細プリーツ
スカート

白の
グルカ
サンダル

グリーンのストライプシャツにビビッドカラーのBagの組み合わせ、この色にしかない可愛さがあると思う…！ 緑だからこそ惹かれるし素敵に見えます

緑といえばピスタチオカラーが使える！と思い、柔らかな印象になるようにアイテムを組み合わせてみました。はっきりした色味が苦手な人は、こういう取り入れ方も良いと思います

チェーン
ネックレス

黒の
シャギー
ニット

シックな
グリーンの
Bag

GREEN

濃いグリーンは秋冬アイテ
ムともよく似合う。黒で
まとめたので、Bagも深い
シックな色味を合わせてみ
ました。レトロな雰囲気が
漂って素敵な色です

グリーンの
パンツ

GREEN

ヒールあり
ブーツ

2色
キャップ

GREEN

R

ヘアピン

グリーンの
マルチボーダー
ロンT

キルティング
ショルダー
Bag

You made
it

白地の
ロゴTシャツ

GREEN

白の
カーゴ
パンツ

ぽこぽこ
ポシェット

グリーン
の
スニーカー

GREEN

グリーン
の
チェック
パンツ

GREEN

白の
サンダル

ゆるっとしたチェックパン
ツは個人的にグリーンが
とても好きで。自分には体
型的に似合わないので諦め
ていますが、合わせるなら
こうやって着たいです…！
ヘアピンもポイント

マルチボーダーで取り入れてもカ
ワイイ〜！！ 緑のスニーカーっ
ていろんなブランドで可愛いもの
がたくさんあります。白と合わせ
るとまろやかにまとまる気がする

シルバー
ネックレス

ロゴ
Tシャツ
BLUE

ブルーの
デザイン
カーディガン
BLUE

白の
トップス

白の
ハンド
Bag

Fortune

裾ダメージ
デニム
BLUE

ストライプ
の
ニット
Bag
BLUE

カンフー
シューズ

ブルー
の
スリット
スカート
BLUE

白ソックス

厚底
サンダル

個人的に見つけて可愛いと思って
いたデザインカーディガンを主役
にしてみました。青コーデが楽し
いのは、デニムを使うとワントー
ンコーデにできるところ！ カー
デの優しいブルーに合わせてBag
は白を

ぱきっとしたブルーは真っ白に
ぴったり！ Tシャツのまっさら
な白により、夏らしい爽やかコー
デに

ビスチェ

シルバー
アクセサリー

ブルーの
シャツ

ストレート
黒パンツ

ブルーの
巾着
Bag

ヒールあり
ブーツ

シャツのブルーはキレイな
色がたくさん出ている印象
があるので、好きな色味で
取り入れても良さそう。ビ
スチェを重ねると良いポイ
ントになります

ネイビー
の
スウエット

ティアード
スカート

白の
スニーカー

ブルーの
ロゴ
トートBag

青といえばネイビーで取り
入れるのもカワイイ！ ス
ウェットとスニーカーがカ
ジュアルなので、ボトムは
ガーリーなものを入れてバ
ランスを調整。トートバッ
グはロゴで推し色を入れて
もヨシ

ネックレス

白の
タートル
トップス

ブルーの
ふわふわ
カーディガン

ショート
パンツ

黒の
Bag

タイダイ
の
ソックス

レースアップ
ブーツ

カーディガンはニットに替えて
も◎。色味を変えてソックスと、
シューズの紐にも色を取り入れて
みました

PURPLE

PURPLE
パープル
の
カーディガン

シルバー
アクセサリー

白の
Tシャツ

ゼブラ柄
の
Bag

黒の
パンツ

黒のパンプス

取り入れやすいアイテムのカーディガンは、紫なら少しかっこいい寄りのアイテムも似合うので強めの柄をBagでプラス。カーデ以外はモノトーンだけど、良いポイントに

シルバー
アクセ

PURPLE
パープル
の
シアー
トップス

黒の
フレア
スカート

シルバー
の
ハンド
Bag

PURPLE
パープル
の
ソックス

厚底グルカサンダル

紫のシアートップスも様々なデザインや色味でたくさん出ていて、見るのが楽しいアイテム！シルバーの小物もよく似合います。色をチラ見せできるので、グルカサンダルとソックスの組み合わせも好き

バケット
ハット

ゆるっと
Tシャツ

PURPLE
トート
Bag

PURPLE
メッシュ
トップス

PURPLE
カーゴ
パンツ

白の
スニーカー

PURPLE
パープル
の
タートル
トップス

黒の
キルティング
コート

ブラック
デニム

ブーツ

PURPLE
パープル
の
巾着
Bag

ネックレス

ボリューミー
な
黒ニット

黒の
Bag

PURPLE
パープル
の
タイト
スカート

PURPLE
パープル
の
ソックス

レースアップ
シューズ

紫のカーゴパンツってこの
色だからこそ！ていうとこ
ろがあって魅力的。メッ
シュトップスを仕込めば一
味違ったTシャツスタイ
ル。ライブならTシャ
ツってほぼ必ずグッズにあ
ると思うので、当日人と被
りたくない時などは良い目
印にもなります

ビビッドカラーの紫をこんなふう
にちょこっと覗かせてもいいな。
見える面積がさりげないので主張
しすぎず、バランスを調整できま
す。ブルーだと紫がぼやけそうな
ので、デニムはブラックに

秋冬で取り入れるならニッ
トかなと思ったのですが、
スカートもカラーバリエー
ションが豊富！ ソックス
は色をリンクさせつつ柄あ
りのものを入れても可愛い
です

WHITE

ダブルジップ
カーディガン
WHITE

華奢
ネックレス

クリーム色
の
ビスチェ

マーメイド
ワンピース

バケツ
Bag

白の
ハンド
Bag
WHITE

白の
ワンピース
WHITE

V字カット
パンプス

白の
ブーツ
WHITE

ワンピース1枚でも素敵だけど、
羽織をプラスしてバランスにメリ
ハリを足しても。ダブルジップの
アイテムで少しトレンド感も入れ
てみました

ストンとしたシャツワンピース
は、丈の短いビスチェを重ねてバ
ランスアップ。カラーは「白」と
いう括りでも、アイテムにより色
味って少しずつ違うもの。色々な
白を合わせるとぼやけずにまとま
ります

WHITE 白の
タンクトップ

WHITE パールの
アクセサリー

WHITE キャミ
ワンピース

WHITE 白の
ストレート
パンツ

クリア
Bag

白パンツは爽やかで夏らし
さが一気にアップ。普通に
白のトップスを合わせると
白の印象が強すぎる気がし
たので、タンクトップは肌
馴染みの良いものを選びつ
つ、透け感のあるキャミで
白を重ねて

WHITE 白の
サンダル

WHITE キルティング
Bag

WHITE 白ニット

WHITE バケット
ハット

WHITE ボア
ジャケット

WHITE ゆるっと
パンツ

WHITE トート
Bag

スニーカー

ふわっともこもこに包まれ
る白のボアジャケットを主
役に。やっぱり可愛い定番
の組み合わせ、ゆるパンツ
にスニーカーもピッタリ！
バケハは冬素材のものを合
わせたい

WHITE スニーカー

WHITE 裾ティアード
スカート

カジュアルとガーリーの両
方の印象をほどよく入れた
くてまとめてみました。も
う少しカジュアル感を減ら
したい場合は、靴とBag
を変えると良きです

推しコーデは色だけじゃない!

推しを連想できるもの（概念）を入れるのも楽しい!!

例えば…

推しが
身につけている
アイテム

推しの
服・衣装の柄や
モチーフ

推しの
髪色

August…

推しの
誕生日
から、

推しの
好物

誕生花や
誕生石

推しが
持っている
アイテム

などなど…

イメージ動物も
あったりする

服ではなく、持ち物で
取り入れるのも
おすすめ

自分が『推しっぽい!』と感じたのなら
それはもう概念アイテム!
と、しちゃっていいと私は思っています。自分の心地良さを大事に…

aya.mの場合

私にとって「推しコーデ」はライブやイベントに行く時限定の特別な格好。
普段は着ないアイテムを着れることもハマった理由のひとつ

どうやって推しっぽくするか
考えるのも、「概念アイテム」を探す
時間も本当に楽しい！機会が
巡ってきたら逃したくない…！

推しA なら…

**バケット
ハット**
帽子を かぶっている
推しなので
合わせたい！

スウェット
イメージ
カラーを
トップスに
入れて
メインに！

**ハート
モチーフの
ネックレス**
ハートに
関連するので
さりげなく
取り入れたい！

**柄の
Bagに
モチーフ
キーホルダー**
推しが身に
つけている
アイテムの柄に
似てる！
推しの好きな
食べものの
チャームを
プラス

**ハート
刺繍
入りの
デニム**

スニーカー
全体の
バランスを
見て、ここは
シンプルに

推しB なら…

**チェーン
ネックレス**
推しが
つけているので
つけない
手はない

**和モチーフの
イヤリング**
職業が
「和」に
関連するため。
アクセサリーは
取り入れ
やすい

**シアー
トップス**
ここで
色を
入れたい

柄シャツ
龍を模えるので
取り入れたい！
メンズアイテムで
見つかりそう

**タイト
スカート**
上が
オーバー
サイズなので
下は
スッキリ
させたい

**カラーソックス
に
ボリューミーな
シューズ**
強めの
推しなので
シューズを
ごってり
させたい！
ここにも
色を足しておく

推しの
髪色の
取り入れ方は
部分的でも ◎

全体カラーは少しハデすぎると
感じる時はインナーカラーや
ポイントカラーがさりげなくて好き

Autumn

秋のおしゃれさん

秋は色・素材・柄の季節感で遊びたい

秋はとにかくこっくりカラーのアイテムがたくさん出るのが好き！
春と兼用できるアイテムもあるけれど、
違いを出せるのはカラーの他に素材と柄。
例えば春と全く同じ服でも、Bag と靴を秋らしいものに替えるだけで
印象が大きく変わると思います。おしゃれって楽しい！

(PICK UP ITEM 01)

"VEST"

黒髪
ロング

ブラウンカラーの
シアートップス

黒
ベスト

黒の
タイト
スカート

まるいめ
デザイン
の
ローファー

ブラウンの美バランス

ブラウンカラーって素敵…！こ
うも上品にまとまるのか。全体の
バランスやサイズ感に加え、黒髪
ロングの雰囲気が美バランス

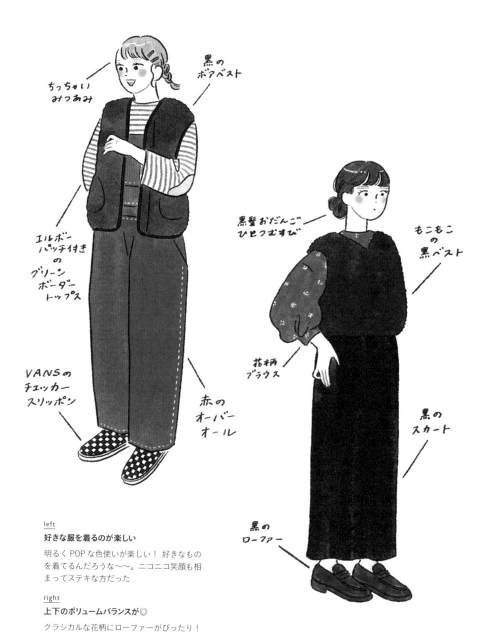

ちっちゃい
みつあみ

黒の
ボアベスト

エルボー
パッチ付き
の
グリーン
ボーダー
トップス

VANSの
チェッカー
スリッポン

赤の
オーバー
オール

黒髪おだんご
ひとつむすび

もこもこ
の
黒ベスト

花柄
ブラウス

黒の
スカート

黒の
ローファー

left
好きな服を着るのが楽しい

明るく POP な色使いが楽しい！ 好きなもの
を着てるんだろうな〜〜。ニコニコ笑顔も相
まってステキな方だった

right
上下のボリュームバランスが◎

クラシカルな花柄にローファーがぴったり！
スッとストレートなスカートの形とボアとの
バランスが良い

ニット・ボア・ダウン…
いろんなベストの可能性

ぱっつんオン肩に長めボブ

ブラウンのメガネ

黒のベスト

白シャツ

カーキのパンツ

白のコンバース

パーマヘア

黒のダウンベスト

白のニットぽいトップス

ベージュのパンツ

ニューバランスのベージュスニーカー

left
カーキ×白×ブラック

カーキのパンツと真っ白なコンバースの組み合わせ、いいな。ブラウンのメガネもステキだった

right
やっぱり可愛いダウンベスト

ボリュームのあるダウンベストって、なんでこんなにカワイイのか…ボトムが同系色でまとまっているのもいいな

アーガイル柄
のニットベスト

ストライプ
の
バンドカラー
シャツ

ひとつむすび
おだんご

白の
ショルダー
Bag

スマホ
ショルダー

白の
スウェット

ブラウン
の
ボアベスト

グレー
の
スニーカー

マルチボーダー
の
ワンピース

スエード
生地の
シューズ

left
ボア×スエードがピッタリ

ボア素材のベスト＋冬素材の靴、すっごく合う…！ カラフルなボーダーとの対比も好きです

right
定番シャツ×ベストも一工夫

組み合わせすんごくカワイイ〜！！！ シャツにベストを重ねるのはテッパンかと思いますが、柄同士を合わせていて、そんな組み合わせもあるんだ！素敵だね…！とトキメキ

"CARDIGAN"

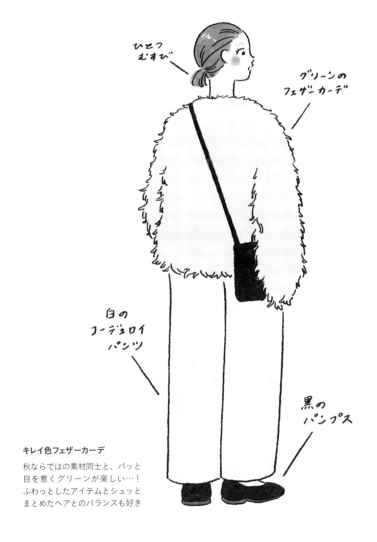

ひとつ
むすび

グリーンの
フェザーカーデ

白の
コーデュロイ
パンツ

黒の
パンプス

キレイ色フェザーカーデ

秋ならではの素材同士と、パッと
目を惹くグリーンが楽しい…！
ふわっとしたアイテムとシュッと
まとめたヘアとのバランスも好き

ピンクカラー
の
ハーフアップ
ボブ

黒の
ショルダー
Bag

チェック
の
カーディガン

黒髪
ひとつ
むすび

ブラウン
の
丸ピアス

あざやか
グリーンの
Bag

黒の
ショート
パンツ

レースアップ
ブーツ

ショート丈
の
ボーダー
カーディガン

白の
ローファー

left
カーデ×ショーパンでキレイに

丈の短めなショーパンがやんちゃすぎずセク
シーすぎずキレイな雰囲気でまとまっててす
ごい。そこに派手めな髪色なのも好き！

right
細部に感じるセンスと遊び心

白い靴をこうやってステキに履きこなせるセ
ンスに惚れ惚れする…！ Bagの色やピアス
からもこの方の遊び心を感じます

だぼっと着ても、タイトに着ても◎
秋はカーディガンで出かけよう

黒髪
ミディアム
パーマ

くすみブルー
の
カーデ

花柄
の
ワンピース

3ホール
マーチン

短め
白ソックス

明るい
カラーの
ゆるっと
ヘア

ブラウン
の
キャップ

ケーブル
ニット
カーデ

イエロー
ロゴの
スウェット

白の
ゆるっと
パンツ

ブラウン
の
コンバース

left
同系色使いがキュート

色の組み合わせかわいい！ 花柄にはオレン
ジが入ってたんだけど、地のネイビーとカー
デのブルーが同系色でキレイにマッチしてる

right
ほっこり系カジュアル

優しい色合いとケーブルニットで大変ほっこ
りするふんわりカジュアル！ 髪色もコーデ
のカラーによく似合ってた

パーマ
ボブ

黒の
タートル
トップス

ネイビーの
カーディガン

黒髪
ショート

シルバー
の
チョーカー

柄入りの
モカシン
シューズ

オレンジ
の
カーディガン

黒の
パンツ

ベロア
スカート

白ソックス
に
レオパード
パンプス

left
丈短めカーデの着こなし

ショート丈×スカート、めちゃくちゃ好きな
バランスです。レオパードのパンプスとシル
バーアクセが良いポイント

right
シンプルコーデに＋ワンポイント

ふわっとボリューム感のあるカーデのサイズ
感と、足元の柄入りのシューズが好きです！
お洋服がシンプルなぶん、足元のハラコ柄が
よく映えてました

(PICK UP ITEM 03)

"SWEAT"

黒髪
ショート

シルバーの
ピアスと
ネックレス

白の
タートル
トップス

パープル
の
ロゴスウェット

黒の
マーメイド
スカート

黒の
厚底ブーツ

スウェット×アクセがかわいい
カジュアルなスウェットにシルバーのアクセが映えててステキ！
足元のボリューム感も好きです

ロング
パーマヘア

カラバリ豊富なスウェットで
自分らしいカジュアルコーデを

白の
キャラクター
スウェット

ブラウン
の
パンツ

レオパード柄
の
スニーカー

濃い水色
の
スウェット

ゆるっと
おだんご

スリット
入り
タイト
スカート

黒の
ハイカット
コンバース

left
色と柄選びの季節感

ブラウン×レオパードが秋っぽい！ トップ
スの白や、ふわふわのロングパーマも相まっ
てふんわりした印象

right
絶妙な丈感でスッキリ

トップス・スカート共に丈感が絶妙！ ゆるっ
と過ごせるカジュアルコーデながら、もった
りしてないバランス美。パキッとした明るい
ブルーもステキ

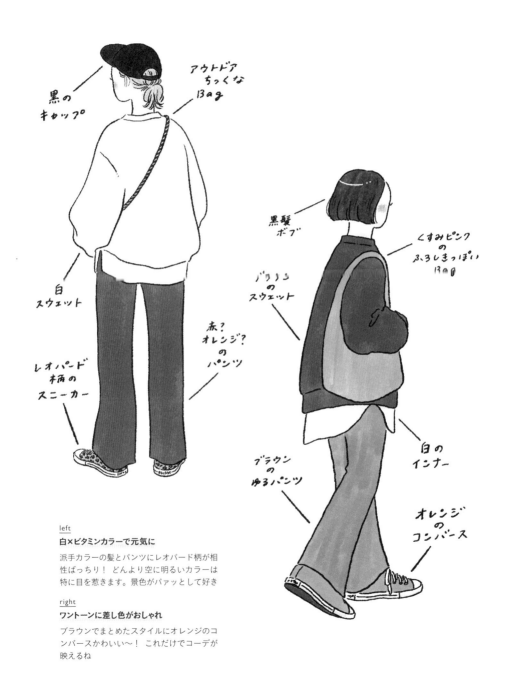

黒の
キャップ

アウトドア
ちっくな
Bag

黒髪
ボブ

くすみピンク
の
ふろしきっぽい
Bag

白
スウェット

ブラウン
の
スウェット

赤？
オレンジ？
の
パンツ

レオパード
柄の
スニーカー

白の
インナー

ブラウン
の
ゆるパンツ

オレンジ
の
コンバース

left
白×ビタミンカラーで元気に
派手カラーの髪とパンツにレオパード柄が相性ばっちり！ どんより空に明るいカラーは特に目を惹きます。景色がパァッとして好き

right
ワントーンに差し色がおしゃれ
ブラウンでまとめたスタイルにオレンジのコンバースかわいい〜！ これだけでコーデが映えるね

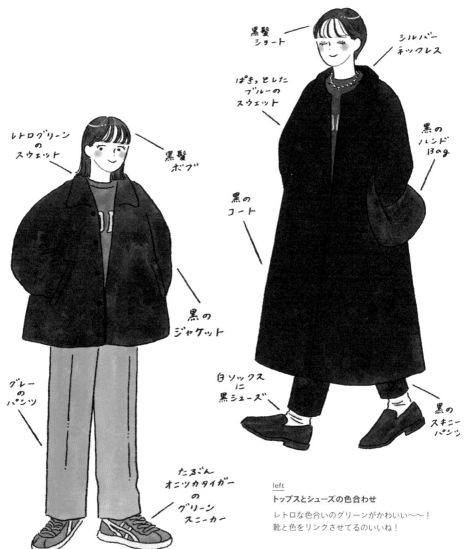

黒髪
ショート

シルバー
ネックレス

ぱきっとした
ブルーの
スウェット

黒の
ハンド
バッグ

レトログリーン
の
スウェット

黒髪
ボブ

黒の
コート

黒の
ジャケット

グレー
の
パンツ

白ソックス
に
黒シューズ

黒の
スキニー
パンツ

たぶん
オニツカタイガー
の
グリーン
スニーカー

left
トップスとシューズの色合わせ

レトロな色合いのグリーンがかわいい〜〜！
靴と色をリンクさせてるのいいね！

right
チラ見せでも印象的カラー

鮮やかなブルーがステキ〜！ チラッとしか
見えていないのに、ネックレスのさりげない
存在感もあってか、印象的でした

(PICK UP ITEM 04)

"CHECK"

黒髪
みつあみ
ひとつ
むすび

champion
の
白ロンT

チェック柄
ワンピ

デニム

ベージュ
スニーカー

キャミワンピをカジュアルに

アイテムの合わせ方が秀逸！！！
めちゃくちゃ可愛い〜〜ガーリー
すぎずカジュアルすぎずでとても
好きなバランス。キャミワンピ欲
しくなる…

黒の
ビッグカラー
トップス

ゆるっと
ひとつむすび

ファーつき
カゴBag

黒髪ボブ

メガネ

DANTON
の
チェックシャツ
ワンピ

Brady
の
ショルダー
Bag

暖色ベース
の
チェック柄
プリーツスカート

黒ソックス
に
白シューズ

チェック柄
ソックス
&
ニュー
バランス

ピンク
ベージュ
の
パンツ

left
バッグやシューズに光る個性

秋のカゴ Bag めちゃくちゃ良いな…！ ス
カートの色味と、そこに合わせた白い靴の組
み合わせも好きです

right
着こなし細部に感じるこだわり

シャツワンピと靴下の色・柄をリンクさせて
たり、靴下を見せるパンツの丈だったり、細
部にこだわりが！ メガネがよく似合う

秋っぽカラーとも好相性なチェック柄
色々な取り入れ方で楽しんで

赤ニット

ショートヘア
に
ベージュ
キャップ

オレンジの
タートル
トップス

黒髪
おだんご
ひとつむすび

ベージュ
の
コート

グレー
チェックの
大きい
シルエット
ジャケット

白の
スニーカー

ブラウン系
チェック
パンツ

厚底
ローファー

黒の
ストレート
スカート

left
ほっこり秋色チェックコーデ
赤×ブラウンのチェックがなんともこの時季
らしい〜！ 色の系統を揃えているのもいい

right
モノトーンチェックもかわいい
コーデのバランスかわいい〜〜！ ぽってり
した足元が好きです。モノトーンのチェック
やちらりと覗くオレンジも良き

STREET SNAP

秋らしい色の取り入れ方と、小物使いが上手な人に目が行きがちだったと思います。
「それが一つ加わるだけで、全然違うね！？」だったり、
「このアイテムがあるから素敵なんだ！」などなど気付きがたくさん！

チェーン
ネックレス

黒髪
みつあみ

ストライプ柄
のシャツ

こげ茶
の
インナー

フレア
デニムパンツ

ごってり
ヒール
ブーツ

グリーンが印象的！ アイテムの
シルエットのバランスに、ヘアア
レンジもキマっていてステキです

黒髪パーマ
ひとつむすび

グリーンの
インナー

カーキ
シャツ

ブラウン
の
トートBag

レースっぽい
あしらいの
パンツ

ヒールあり
ローファー

パンツのデザインかわい〜〜
〜！ カーキをちょこっとキレイ
めに仕立てているヒールありロー
ファーに注目したい

黒髪クトハネボブ

ブラウンの
ボーダー
ロンT

持ち手
長めの
トートBag

シンプルこそバランスが
肝！と教えてくれるスタイ
ル。パンツの太さや丈、トッ
プスのサイズ感、参考にな
ります

白ソックス
に
黒パンプス

カーキの
パンツ

明るめ
ショートヘア

いい顔の
ある
トップス

ブルーの
スカーフ

黒髪ショート

てろてろ
シャツ

ぱきっと
グリーンの
Bag

デニム

クリーム色
の
ブーツ

四角い
革Bag

黒の
ショートパンツ

色使い天才では…！？ グ
リーンの Bag が印象的。
レトロちっくな配色のトッ
プスとの相性がスバラシイ

なんてステキな雨の日コーデ！
ショートパンツと落ち着いた色の
革小物やスカーフで、ほんのりレ
ディに仕上げてるところがステキ

サイドゴア
ブーツ

メガネ

パーマ
ひとつむすび

白シャツ

スカーフっぽい
柄の
トートBag

ベージュの
ストレート
パンツ

黒の
コンバース

シャツのサイズやパンツの丈感か
らサイズ選びをこだわっているの
が伝わってくる…！ 小物使いも
いいね

黒の
くしゅくしゅ
サロペット

黒髪
ボブ

オレンジ
の
シアー
トップス

黒の
ハンド
bag

シルバー
の
足袋
パンプス

オレンジかわいい〜〜！
足元のシルバーとの組み合
わせも好きです。モノトー
ンに一点差し色のバランス
良いなあ…真似っこした
い！

白ニット帽

白の
ロンT

レオパード
ミニ
Bag

ゴブラン
柄の
スマホ
ケース

小物の柄×柄カワイイ〜
〜！ ゴチャゴチャしてな
いのはブラウン系でまとめ
てあるからかな？ラフだけ
どしっかりオシャレで真似
したい

ベージュの
ニューバランス

キャメル
パンツ

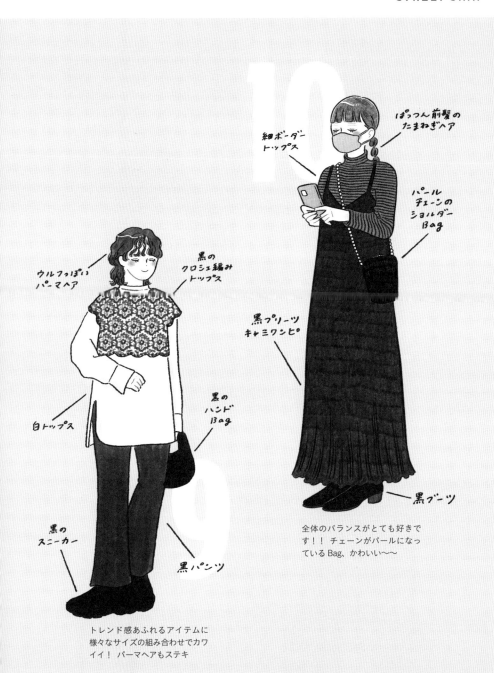

細ボーダー
トップス

ぱっつん前髪の
たまねぎヘア

パール
チェーンの
ショルダー
Bag

黒のクロシェ編み
トップス

ウルフっぽい
パーマヘア

黒プリーツ
キャミワンピ°

白トップス

黒の
ハンド
Bag

黒の
スニーカー

黒パンツ

黒ブーツ

全体のバランスがとても好きで
す！！ チェーンがパールになっ
ている Bag、かわいい〜〜

トレンド感あふれるアイテムに
様々なサイズの組み合わせでカワ
イイ！ パーマヘアもステキ

美術館

芸術の秋、行楽の秋に合わせてお出かけ
スタイルを考えてみました。もちろんいつも
のお洋服でも充分だけどせっかくの機会。
たまにはシーンに合わせた装いに挑戦する
のも楽しいと思うのです。こんなのもアリか
も!?と思っていただけると嬉しいです。

黒の
タートル
ニット

パール
ピアス

黒の
ベルト

デニム

ブーツ

テーラード
ジャケット

ハンド
Bag

クラシカル
な
ワンピース

ショルダー
Bag

ごっつりブーツ

ちょっぴりかっこよくまとめたい
ときはこんなスタイルも素敵！
タートルネックにメガネは知的な
印象に仕上がるし、デニムにブー
ツの組み合わせって女性がすると
めちゃくちゃかっこいいと思って
います。ビシッとしたまとめ髪も
ポイント

美術館や展示に行くなら、静かで
厳かな雰囲気に合わせてジャケッ
トを羽織りたい。華やかだった
り、幻想的な色使いの芸術品との
出会いをイメージして花柄をチョ
イス。落ち着いた色味を選べば花
柄でもシックにまとまります

サロペット
ワンピース

ヴィンテージ系
ピアス

ブラウス

シック
カラーの
ソックス

ミニ
Bag

ローファー

メガネ

ベレー帽

ショルダー
Bag

ボーダー
トップス

グレーの
ショート丈
カーディガン

タック
パンツ

キャップ

カラー
タートル
トップス

スニーカー

秋の雰囲気に、喫茶店もぴったり
なのでは？と少しクラシカルな
スタイルも考えてみました。いつか
行ってみたい憧れの老舗喫茶店に
行く機会ができたら、こんな格好
で足を踏み入れるのも特別な思い
出になりそう

カジュアルスタイルとク
ラシカルの中間、を目指して
考えてみたスタイル。そんなに気
取った格好をしなくてもいいけ
ど、ある程度きらんと見せたい、
でもストレスフリーな着心地も欲
しい…！というときにいかが？

ハーフ
ジップ
プル
オーバー

中着
Bag

チェック柄
ストレート
スカート

白スニーカー

行楽に合わせて考えてみたスタイ
ル。紅葉狩りなどたくさん歩くと
きはスニーカー、さらに野外に長
時間いるかもしれないことを思う
と帽子もプラスしたい。白をベー
スに、秋らしい色味を合わせてみ
ました

MEN'S OUTFIT

こっくりしたアースカラーのアイテムが映える時期だからか、
程よいカジュアルスタイルや、アウトドアアイテムを使ったスタイルが魅力的でした。

白ニット帽

デニムシャツ

黒の
キャップ

スウェット

NEW YORK

マウンテン
パーカー

白ソックス
に
VANS

カーキの
パンツ

チェック
パンツ

VANS

定番っぽいアウトドアコーデ。な
んてことないアイテムながら、サ
イズ感がどれもベストでバランス
がキレイ〜〜

メンズコーデのチェック柄もとて
も好き。スウェットの赤ロゴがポ
イントになってて良い。暖色でま
とまってるね

ブルー
ストライプ
シャツ

カーキの
MA-1

デニム
パンツ

ベージュ
の
モカシン
シューズ

MA-1ってなんにでも合うんだ
…！ ストライプ柄がポイントに
なってていいな。あと足元のモ
カシンがカワイイ〜〜〜デニムに
ぴったりだね

ブラウン
の
ボアベスト

ベージュの
バンドカラー
シャツ

チェック柄
シャツ

ブラウンの
コーデュロイ
セットアップ

マーチンの
3ホール
シューズ

赤の
ソックス

黒の
コーデュロイ
パンツ

オレンジ
の
コンバース

色合いかわいい〜〜〜！ オレンジのコンバースが同じ暖色のブラウンとぴったりだね

さらっとセットアップを着こなしていてステキ…！ 足元のマーチンも好きです

黒髪
パーマ

グレーの
パーカー

カーキの
アウトドア
ベスト

ブルー
ストライプ
シャツ

ワンレン
黒髪

大きめ
の
黒ショルダー
バッグ

黒の
シャカシャカ
パンツ

白の
スニーカー

グリーン
の
ニット

黒
パンツ

黒
シューズ

パンツのシルエットやアウトドア
ちっくなベストなど、トレンド感
があって全体のバランスも好きな
感じです…！

ぱきっとグリーン×ストライプの
組み合わせ良い〜〜！ ゆるっと
ラフなシルエットでありつつ足元
やシャツはカッチリしていて、こ
のバランス好きです

Winter

冬のおしゃれさん

防寒しつつ楽しむおしゃれがステキ

この時季しか着られないニットスタイルは
毎年アップデートしたいし、装いがその印象になってしまいがちな
コートの着こなしも気になる季節。
防寒しつつおしゃれも楽しんでる！という方にも惹かれます。

(PICK UP ITEM 01)

"KNIT"

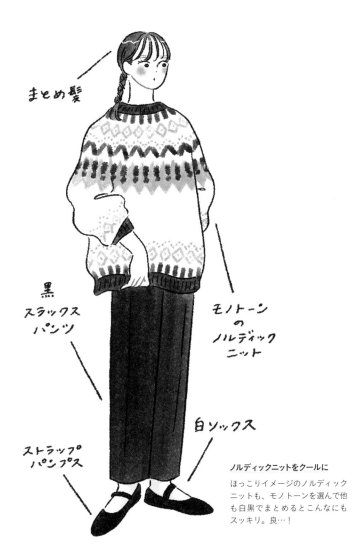

まとめ髪

黒
スラックス
パンツ

モノトーン
の
ノルディック
ニット

白ソックス

ストラップ
パンプス

ノルディックニットをクールに

ほっこりイメージのノルディック
ニットも、モノトーンを選んで他
も白黒でまとめるとこんなにも
スッキリ。良…!

ニットってそれだけでも可愛いから
着こなしでもっと可愛く

黒髪
ショート

フリルっぽい
黒ピアス

黒レース
の
トップス

黒の
ショルダー
Bag

パープル
の
ニット

白のソックス
に
ローファー

チェック柄
の
タイトスカート

ひとつむすび
みつあみ

フリンジつき
くすみグリーン
ニット

ハラコ柄
トート
Bag

黒の
サロペット
ワンピース

クリーム色
の
ブーツ

left

パープルが馴染む組み合わせの妙

チェックのスカートをパープルに馴染ませて
いるのがすごい。レースのインナーといい、
ピアスといいアイテムの組み合わせが上手

right

ニットの袖が活きるサロペットコーデ

アイテムの組み合わせがカワイイ〜！！ 袖
にデザインがあるニット、サロペットにピッ
タリ。ブーツが黒でないのも抜け感があって
好きです

パーマヘア
の
ゆるっと
ハーフ
アップ

シルバー
の
ネックレス

メガネ

黒髪
パーマショート

白の
ワンT?

ライム
グリーン
の
人きめ
ニット

タテ形
の
ショルダー
Bag

黒の
ストレート
パンツ

白のソックス
に
黒のパンプス

鮮やか
ブルーの
ニット

白の
スリット
パンツ

黒の
ブーツ

left
小技の効いたシンプル着こなし

パッと目を惹くグリーンのニットが素敵！
アイテム同士はシンプルなんだけど、ヘアア
レンジやさりげないアクセサリーで大きく印
象が違う気がする

right
鮮やかブルー×白が映え

かなり鮮やかなブルーに、白のパンツがめ
ちゃくちゃ映える！ パーマの程よい色気と、
メガネも良いポイントになってました

赤の
タートル
トップス

黒髪
ショート

黒髪
ショート
パーマ

黒の
ヘッドホン

カラフル
な
フェアアイル
ニット

カーキの
パンツ

オレンジの
ライン入り
ニット

黒の
ごってり
シューズ

カーキの
ジャージライン
シャカシャカ
パンツ

ボリューミー
黒シューズ

left

スポーティなトレンドスタイル

雑誌などではよく見かけていた、ジャージ風のアイテムを街中で見かけて嬉しかった…！ニットのオレンジラインがアクセントになっていていいなぁ。ヘッドホンもおしゃれです

right

柄ニットに仕込んだインナーが◎

トップスのインに仕込んだ赤が可愛い！ もうニット自体が既に可愛いのに、この赤でニットの魅力が増している気すらする。ボトムと靴がかっこいい寄りなのも、ほっこりしすぎず好きです

"COAT"

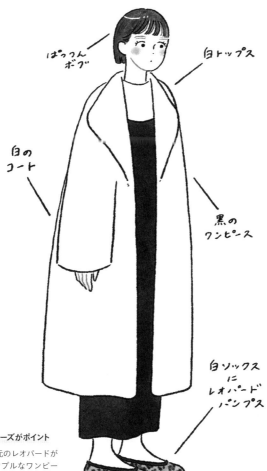

ぱっつん
ボブ

白トップス

白の
コート

黒の
ワンピース

白ソックス
に
レオパード
パンプス

大きな襟と柄シューズがポイント

モノトーンに足元のレオパードが
映える〜！ シンプルなワンピー
スにさらっとコートを羽織っただ
けなんだけど、襟の大きさが特徴
的で良きポイントに

前髪ぱっつん
パーマロング

たぶん
牛柄の
トートBag

スマホ
ショルダー

下位置で
まとめた
ツイン
おだんご

ピンク
のロングコート

黒の
コート

エスニック柄
の
フレアパンツ

白の
ボリューム
スニーカー

ベージュ
の
プリーツ
スカート

白の
ブーツ

left

柄の取り入れ方が上級者

個性的な柄を合わせる使い方とバランスが上手！ 黒髪パーマのロングもかわいい

right

ガーリーな配色とヘアがピッタリ

ピンク×白の柔らかい配色に、下位置のツインおだんごがガーリーでめちゃくちゃかわいい！

コートの印象が強い冬こそ
トータルで魅力的に見せたい

ボブヘア

ボアの
帽子

ぷくぷく
した
巾着
Bag

カーキ
キルティング
コート

デニム

白の
コンバース

ミルクティー色
の
ニット帽

ソトハネ
ボブ

白タートル
ニット

ベージュ
コート

白スニーカー

スウェット
パンツ

left
ロールアップに感じるセンス
このデニムのロールアップ感や丈感はおしゃ
れ好きさんなハズ…！ 全体のバランスがキ
レイです

right
ワントーン淡色が大人の魅力
淡色なのにキリッと見えてカッコイイ〜！ お
手本にしたい「大人の」カジュアルスタイル

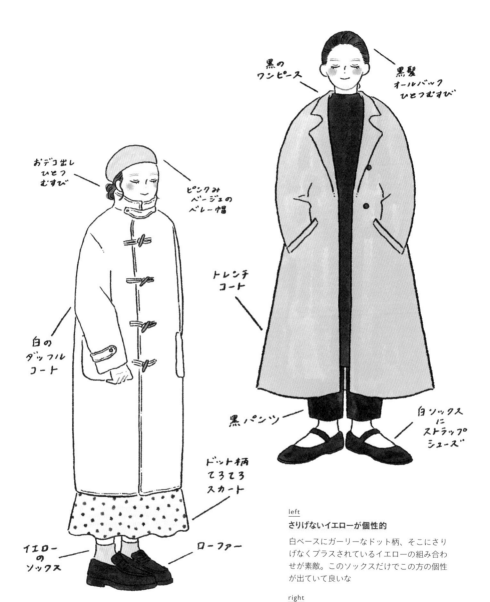

おデコ出し
ひとつ
むすび

ピンクみ
ベージュの
ベレー帽

黒の
ワンピース

黒髪
オールバック
ひとつむすび

トレンチ
コート

白の
ダッフル
コート

黒パンツ

白ソックス
に
ストラップ
シューズ

ドット柄
てろてろ
スカート

イエロー
の
ソックス

ローファー

left
さりげないイエローが個性的

白ベースにガーリーなドット柄、そこにさりげなくプラスされているイエローの組み合わせが素敵。このソックスだけでこの方の個性が出ていて良いな

right
シンプルだけど思わず目が行く

こんなに色数も抑えててシンプルなのに、人がたくさん行き交う通りで目が行きました。ピシッとしたまとめ髪で、おでこをスッキリ出して凛と歩く姿が素敵だった〜

(PICK UP ITEM 03)

"MUFFLER & STOLE"

メガネ

黒の
ベレー帽

黒の
ストール

カーキの
チェスター
コート

白パンツ

ローファー

色を入れないのも潔さ

カーキと無彩色のみ、というのが
とても新鮮でした。私ならどこ
かに色を入れたくなってしまう。
カーキのみをメインにしてもこん
なにカワイイんだ〜！

自分らしいマフラーやストールで
防寒とおしゃれの一石二鳥

メガネ

ひとつむすび

イエローの
ストール

黒の
タートル
ニット

ブラウン
の
トート
Bag

黒髪

オレンジの
チェックストール

カーキ
キルティング
コート

ベージュ
の
コート

白ソックス
に
ローファー

ストレート
パンツ

レオ
パード
ショルダー
Bag

黒スカート

白ソックス・黒パンプス

left
お仕事スタイルも小物で個性を
しごでき女子のお仕事スタイルという感じで
すっごくカッコいい…！ スッキリまとめた
ヘアにメガネ、垂らしたストールなど小物が
効いています

right
カーキ×オレンジってかわいい！
目を惹く小物使いが光る…カーキ×オレン
ジってかわいい〜〜〜！ ぱっつん黒髪もい
いなぁ

ベージュのベレー帽

ピンクみカラーのクトバネボブ

イエローヒグレーのチェックマフラー

黒のコート

ベージュのパンツ

NIKEのグレースニーカー

ボブヘア

オレンジヒブラウンのチェック柄ストール

カーキのキルティングコート

グレーのニット

白パンツ

ブラウンのローファー

left

細部にいろんなカラーで楽しく

ヘアも小物も、色々なカラー使いが楽しい
〜！ マフラーのイエローが良いポイントに

right

白パンツに暖色アイテムでほっこり

パンツが真っっっ白で、清潔感たっぷり！
ニットや靴、ストールを暖色寄りでまとめて
いるところが好き

ベージュの
ダウン
マフラー

ゆるっと
ボブ

キナリカラー
の
スウェット

スマホ
ショルダー

黒の
パンツ

VANS
の
オーセン
ティック

パーマ
ボブ

ネイビー
の
コート

ブルー
の
マフラー

グリーン
の
ニュー
バランス

キャメル の パンツ

left
ブルー×アウトドアカラー

パッと鮮やかなマフラーが印象的ながら、足
元のアウトドアカラーも可愛い！ ブルーっ
てこういう色ともよく似合うんだ…！と新た
な発見でした。コートのネイビーも色使いに
馴染んでて参考にしたい

right
色合わせの統一感がおしゃれ

可愛いカジュアルスタイルで真似っこしたい
…！ ダウンマフラーのベージュと、靴の色
を同系でまとめていていいなぁ。キナリカ
ラーともぴったり

"ACCENT COLOR"

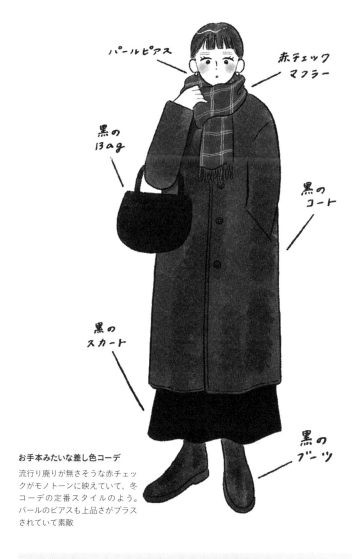

パールピアス

赤チェック
マフラー

黒の
Bag

黒の
コート

黒の
スカート

黒の
ブーツ

お手本みたいな差し色コーデ

流行り廃りが無さそうな赤チェッ
クがモノトーンに映えていて、冬
コーデの定番スタイルのよう。
パールのピアスも上品さがプラス
されていて素敵

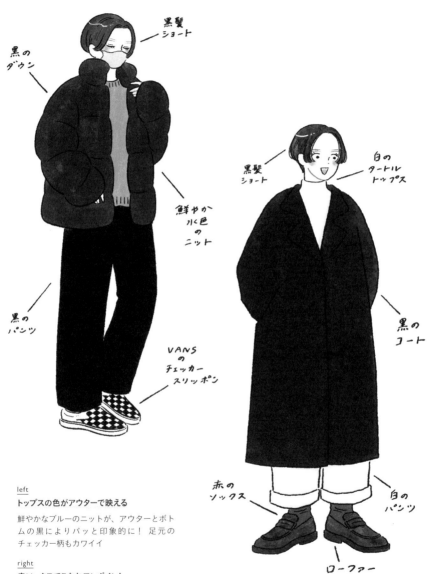

黒髪
ショート

黒の
ダウン

鮮やか
水色
の
ニット

黒の
パンツ

VANS
の
チェッカー
スリッポン

黒髪
ショート

白の
タートル
トップス

黒の
コート

赤の
ソックス

白の
パンツ

ローファー

left
トップスの色がアウターで映える

鮮やかなブルーのニットが、アウターとボト
ムの黒によりパッと印象的に！ 足元の
チェッカー柄もカワイイ

right
赤ソックスでこなれワンポイント

靴下のワンポイントカラー大好きです。特に
この方のような赤ソックスは程よくこなれ感
が出る気がする。私的テッパン差し色アイテム
です

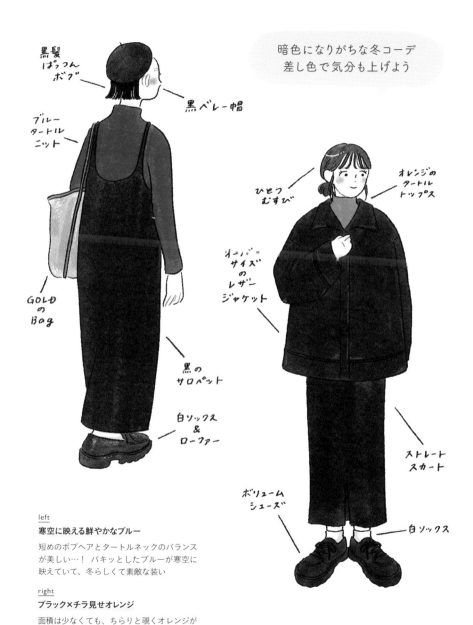

暗色になりがちな冬コーデ
差し色で気分も上げよう

黒髪
ぱっつん
ボブ

黒ベレー帽

ブルー
タートル
ニット

GOLD
の
Bag

黒の
サロペット

白ソックス
＆
ローファー

ひとつ
むすび

オレンジの
タートル
トップス

オーバー
サイズ
の
レザー
ジャケット

ストレート
スカート

ボリューム
シューズ

白ソックス

left
寒空に映える鮮やかなブルー
短めのボブヘアとタートルネックのバランス
が美しい…！ パキッとしたブルーが寒空に
映えていて、冬らしくて素敵な装い

right
ブラック×チラ見せオレンジ
面積は少なくても、ちらりと覗くオレンジが
良い。足首を見せて、靴がゴテっとしている
このバランスってとってもカワイイ

STREET SNAP

アウターが印象を決めてしまいがちな冬、
だからこそ、色々なアウターに目が行きました。そのアウターにピッタリなアイテム選びや、
アウターも含めて全体がキマッている方のセンスに惚れ惚れします。

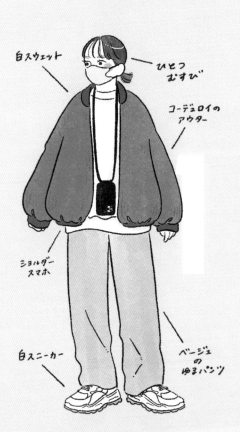

白スウェット

ひとつ
むすび

コーデュロイの
アウター

ショルダー
スマホ

白スニーカー

ベージュ
の
ゆるパンツ

たぼっとしたシルエットが女の子
らしくてカワイイ！ 白を入れる
とクリーンな印象になるね

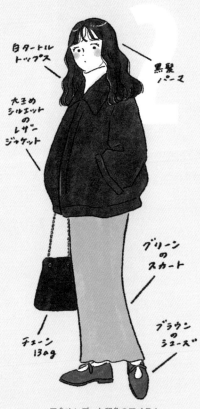

白タートル
トップス

黒髪
パーマ

大きめ
シルエット
の
レザー
ジャケット

グリーン
の
スカート

チェーン
バッグ

ブラウン
の
シューズ

ヘア含めレディな印象のアイテム
に一点このレザーが入るだけで、
こんなにも違う雰囲気が生まれる
んだ…！ 靴とスカートの色もカ
ワイイ

3

パーマ
おだんご
ひとつ
むすび

チェックの
コート

もけもけ
した
レオパード
パンプス

デニム

チェックとレオパードの柄
×柄でも、同じブラウン系
ならこんなに違和感ない
…！ デニムの色も薄めな
ので重たい印象を回避でき
ているのもすごい

5

黒髪
ショート

パール
連なりピアス

チェーン
ネックレス

黒の
タートル
トップス

くすみブルー
の
ノースリーブ
コート

ローファー

裾ダメージ
ブラック
デニム

上質な生地っぽかったノー
スリーブコートが素敵。ダ
メージデニムやチェーンの
ネックレスで、キレイめに
寄りすぎていないところが
好きです

4

黒髪
パーマ

デニム
ジャケット

鮮やか
水色
ニット

デニム

マーチン
ブーツ

女の人のデニムパンツと
ブーツ、すんごいカッコ
よくて大好き。おまけにデ
ニムのセットアップなんて
センスがずば抜けてる…パー
マヘアも雰囲気出てます

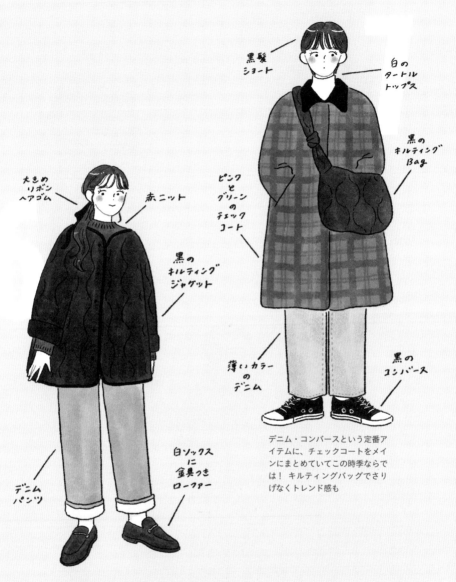

大きめ
リボン
ヘアゴム

赤ニット

黒の
キルティング
ジャケット

デニム
パンツ

白ソックス
に
金具つき
ローファー

黒髪
ショート

白の
タートル
トップス

黒の
キルティング
Bag

ピンク
と
グリーン
の
チェック
コート

薄いカラー
の
デニム

黒の
コンバース

デニム・コンバースという定番ア
イテムに、チェックコートをメイ
ンにまとめていてこの時季ならで
は！ キルティングバッグでさり
げなくトレンド感も

ちらりと覗かせた赤ニット、金具
付きのローファーにベルベットっ
ぽいリボンヘアアクセでデニムパ
ンツを少しきちんと見えに仕上げ
ているのが素敵〜！

ふわふわ
ロングパーマ

白の
キルティング
コート

グレーの
プリーツ
スカート

全てのバランスが可愛
い！！ ジャケットの白や
プリーツ、ふわふわのロン
グヘアがガーリーながらも
足元のレオパードが程よく
スパイスを感じさせる

白くつ下に
レオパード
シューズ

夕ハネ
ボブ

白ニット

たぶん
バブアー
の
ブルゾン

明るいカラー
の
パーマ
ひとつむすび

オレンジの
タートル
ニット

白ソックス
に
黒の
カンフー
シューズ

ブラウン
の
パンツ

白の
ムートン
コート

裾ダメージ
の
黒デニム

ヒールつき
ローファー

アイテムの組み合わせとバ
ランス感に個性を感じて
とっても素敵…！ 明るい
ヘアカラーもコーデの雰囲
気に合ってる

女の子が着るバブアー（た
ぶん）、大好きです。コー
デがぐんと格上げされる感
じがする…ボトムのブラウ
ンがアウターの雰囲気に
ぴったりだと思いました

クリスマス

街を歩くだけでもウキウキキラキラ
していて楽しい時季ですよね。せっ
かくなのでこの雰囲気にあやかっ
て、お洋服でも思いっきりクリスマ
スモードを楽しみたい。色々なアイ
テムで取り入れてみました。

コード
チョーカー

赤の
カーディガン

花柄
ワンピース

ボア
巾着
Bag

ヒールあり
ブーツ

やっぱりクリスマスコーデで一番
に浮かぶのは赤。合わせた花柄は
甘くなりすぎないように黒の小物
で引き締めて。首元が開けめのデ
ザインのトップスにはポイントの
あるアクセサリーがよく似合う！
チョーカーって可愛いなとずっと
思っていたので入れてみました

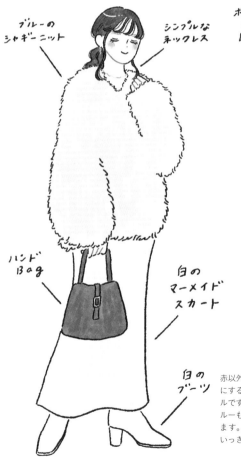

ブルーの
シャギーニット

シンプルな
ネックレス

ハンド
Bag

白の
マーメイド
スカート

白の
ブーツ

赤以外でクリスマスっぽいコーデ
にするなら…と考えてみたスタイ
ルです。ふんわりとした優しいブ
ルーも雪を連想して素敵だと思い
ます。マーメイドスカートで思い
いっきりレディに

パールの
ピアス

赤の
タートル
ニット

黒のコート

チェック柄
ストール

半月
ショルダー
Bag

白のソックス
に
カンフー
シューズ

黒の
パンツ

ノルディック
ニット

白パンツ

赤ソックス

黒の
カチューシャ

黒の
ニット

ハンド
Bag

チェック柄
の
タイト
スカート

赤ソックス
に
ローファー

見えてる面積は少ないけど、他の
アイテムを黒でまとめて赤を印象
的に。チェック柄の小物もクリス
マスらしさを足してくれます。ヘ
アをきちっとまとめて、パールピ
アスで品良く

お家で過ごすクリスマスも大好
き！ ごちそうを用意して、映画
鑑賞をしても良いね。気分が上が
るようなカラフルなニットもクリ
スマスならでは。ノルディック
ニットは毎年欲しくなってしまう
ほど様々な色合いのものがあるの
で、ビビッと来たら手に入れてお
きたい…！

ボトムと足元のみにクリスマス
カラーを入れてみるのも素敵！
バッグと靴の色を合わせると、
すっきりまとまります

MEN'S OUTFIT

色々な帽子使いにご注目！ 防寒の目的もあるだろうけど、
コーデを格上げするのに一役買う頼れる存在だと思っています。
コーデのシルエットも参考にしたい。

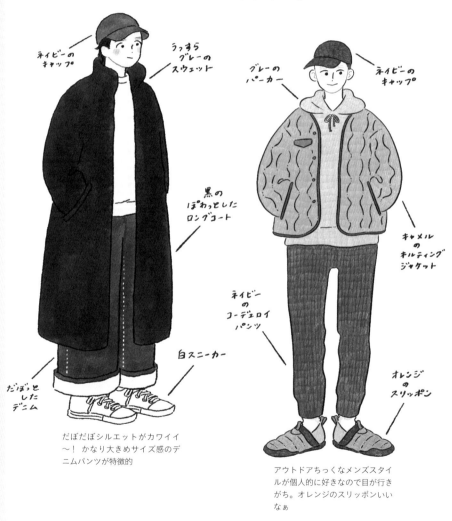

ネイビーの
キャップ

うっすら
グレーの
スウェット

グレーの
パーカー

ネイビーの
キャップ

黒の
ぽわっとした
ロングコート

キャメル
の
キルティング
ジャケット

ネイビー
の
コーデュロイ
パンツ

白スニーカー

だぼっと
した
デニム

オレンジ
の
スリッポン

だぼだぼシルエットがカワイイ
〜！ かなり大きめサイズ感のデ
ニムパンツが特徴的

アウトドアちっくなメンズスタイ
ルが個人的に好きなので目が行き
がち。オレンジのスリッポンいい
なぁ

ネイビー
の
キャップ

白の
タートル
トップス

アーガイル柄
入り
ジップトップス

カーキの
ゆるっと
パンツ

スエード地
の
シューズ

カラフル
ボーダー
ニット

ベージュ
の
ハンチング

白パンツ

白ソックス
に
ローファー

色使いに、ほっこりした雰囲気も
好き。スニーカーだとこういう雰
囲気にはならないと思うので、合
わせる靴の素材って大事…！

接客されていた姿に惹かれた方。
派手な色使いのトップスをさらっ
とキレイに着こなしてて、さすが
アパレル店員さん…！

黒のベレー帽

メガネ

柄の
ニット

黒の
ゆるっと
パンツ

黒の
ローファー

アーティスト感溢れるスタイルで
素敵〜！ ベレー帽とメガネに顎
髭がよく似合ってました

白パーカー

グレーの
ニット帽

黒
ボリューム
コート

白ソックス
に
ローファー

黒パンツ

カジュアルとキチンと、の良いバ
ランス〜！ パーカーの白が程よ
く清潔感を醸し出している

白のニット帽

カーキの
ミリタリー
コート

白の
パンツ

たぶん
アディダス
の
スニーカー

冬の空気をパッと明るくするよう
な真っ白のパンツが印象的！ ブ
ルーのスニーカーと合わせるの可
愛いな〜。黒を使っていないのが
興味深いです

THANK YOU !
あとがき

私は普段から、人の「個」がとても好きです。

感性や好み、経験してきたこと、みんなそれぞれ違う。

それってすごいことだし、すごく魅力的。

だってその人以外に同じ人は1人としていないんだもの。

もちろん生きていると色々なことに影響を受けるし、

流行りを選べば同じ方向に行くし、ある程度は似通うかもしれない。

でも例えば、スウェットが流行っているからスウェットを着るとしても、

真似はできても全く同じにはならなくて。

その人が元々持っている魅力やセンスが反映されて、

その人だけの着こなしになる。

街ゆく人に魅力を感じて、素敵だなと自然に思うのは

そういう素晴らしさを愛おしく思っているからかもしれません。

元々ファッション誌が大好きで、

学生時代に好きなコーデをスクラップしていたことから始まった私のおしゃれ観察。

幼少期から唯一、周りよりもちょっぴり得意だった絵を描くこと。

誰かに認めてほしい、広まってほしい、という気持ちは全くなく、

完全に個人的な趣味を細々と楽しんでいた私にとって、

こうして取り上げていただいたことがいまだに不思議な気持ちです。

いつも見てくださっているみなさま、そして初めましてのみなさまも、

本当に本当にありがとうございます。

私にとってはきっと、どこまで行っても趣味の一部。

だけど、そんな私個人の趣味嗜好満載のこの世界が、

誰かのほんのひとときの癒しになれば嬉しいです。

これからもマイペースにゆるりと、楽しく絵を描き続けていきます。

Thank you

イラスト・テキスト／aya.m
デザイン／山谷吉立・山嶋華帆・宮崎愛理 (ma-hgra)
編集／本多瑛美子 (株式会社KADOKAWA)
校正／有限会社バイステップ
協力／株式会社三栄【FUDGE.jp】

街角おしゃれさんスケッチ
― 今日から活かせるコーデの秘訣 ―

2024年4月3日　第1刷発行

著　　　aya.m
発行者　山下直久
発　行　株式会社KADOKAWA
　　　　〒102-8177　東京都千代田区富士見2-13-3
　　　　0570-002-301(ナビダイヤル)
印刷・製本　図書印刷株式会社

ISBN　978-4-04-897739-5 C0077
Printed in Japan
©aya.m 2024